汉

留 学 生 汉 语 基 础 系 列 教 材

丛书主编

茅海燕　李新朝

魅力汉语

仲跻红　编著

听说

第1册

江苏大学出版社
JIANGSU UNIVERSITY PRESS

镇　江

图书在版编目(CIP)数据

魅力汉语.听说.第1册/仲跻红编著.—镇江：
江苏大学出版社,2016.9(2017.11重印)
留学生汉语基础系列教材 / 茅海燕,李新朝主编
ISBN 978-7-5684-0314-6

Ⅰ.①魅… Ⅱ.①仲… Ⅲ.①汉语—听说教学—对外
汉语教学—教材 Ⅳ.①H195.4

中国版本图书馆CIP数据核字(2016)第225057号

魅力汉语.听说(第1册)
Meili Hanyu Tingshuo(Di 1 Ce)

编　　著/仲跻红
责任编辑/吴蒙蒙
出版发行/江苏大学出版社
地　　址/江苏省镇江市梦溪园巷30号(邮编：212003)
电　　话/0511-84446464(传真)
网　　址/http：//press.ujs.edu.cn
排　　版/镇江文苑制版印刷有限责任公司
印　　刷/虎彩印艺股份有限公司
开　　本/787 mm×1 092 mm　1/16
印　　张/14
字　　数/280千字
版　　次/2016年9月第1版　2017年11月第2次印刷
书　　号/ISBN 978-7-5684-0314-6
定　　价/42.00元

如有印装质量问题请与本社营销部联系(电话：0511-84440882)

序

《魅力汉语》是以学习汉语的外国人为使用对象的汉语基础系列教材。本教材紧扣国家对外汉语教学领导小组办公室的《高等学校外国留学生汉语教学大纲(长期进修)》要求,依据大纲的语法项目与功能项目,按照综合、读写、听说三种课型,将教材设置为《综合》1~6册、《读写》1~3册、《听说》1~6册。《综合》第1、2册,《读写》第1册和《听说》第1、2册对应新HSK 1~3级;《综合》第3、4册,《读写》第2册和《听说》第3、4册对应新HSK 3~5级;《综合》第5、6册,《读写》第3册和《听说》第5、6册对应新HSK 4~6级。期望本教材能成为半年以上两年以下的进修生和专业留学生提高汉语语言表达能力与汉语语用能力的教学蓝本。

《魅力汉语》2013年6月获得江苏大学精品教材建设专项资助。2014年春编写工作正式启动。2014年秋季到2016年夏季综合教材(3~6册)分别试用,六易其稿,其他教材的部分课文也曾在教学中试用。教材编写组成员因公派出国或其他原因几经调整。整套教材从词汇的划定到语法点的分布,从语料的筛选到新词新语的界定,丛书主编与分册主编多次研讨并修改,每一个环节都凝聚着全体编写者的心血。在繁重的教学工作之余,挤时间花精力编写教材实属不易,也更加理解和敬重前人编写教材过程中的艰辛。幸运的是,教材编写与试用过程中得到了江苏大学海外教育学院领导与教务部门的支持,在试用修改即将出版时,又得到江苏大学语言文化中心领导的关心与支持。

在此感谢全体编写人员与多年来一直支持汉语教学的所有同仁，感谢我们供职的学校！在教材出版有诸多客观制约条件的背景下，江苏大学出版社汪再非先生和常钰女士给予我们热情支持，从稿件审阅到版面设计都做了悉心指导。在此谨代表全体编写人员表示最诚挚的谢意！

《魅力汉语》编写组有近20年留学生汉语教学经历的老教师，也有公派汉语教师，更多的是年轻有为的青年教师。因为视野的局限性，也因为年轻阅历浅，教材中语料的选用、语法点的难易掌控、习题设置与文化要点的取舍都会存在这样或那样的缺失与遗漏，敬请同仁与使用者提出宝贵的建议和意见，鞭策我们不断修改和继续完善。

茅海燕

2016 年 8 月 16 日

前言

《魅力汉语.听说(第 1 册)》适合汉语初学者使用。本书十二课,每四课构成一个小单元,每单元后设置单元复习,主要针对本单元学习内容涉及的文化背景、句型做进一步的补充,并进行复习和归纳。每课主要包括常用句型,听力部分生词、练习和注释,口语部分生词、课文、练习和注释,听说实践,扩展训练。每一部分具体内容如下:

1. 常用句型是选自每课的听力和口语部分录音,大部分是原句,也有一些句子进行了适当的调整。

2. 听力和口语部分各有生词表,先学习这些词语,听懂看懂常用句型,对听懂本课录音文本、学习口语表达是很有帮助的。每课的生词和注释都是按照其在课文中出现的先后顺序排列的。每课的常用句型、生词和注释提供基本的英文解释,课文和练习均不提供英文解释。在听力和口语课文后,均有一些练习,练习是根据听力课文和口语课文设计的。每段课文后有一项练习,采取选择、判断、填空等形式,检验学生的听力理解和口头表达。

3. 听说实践分为课堂内和课堂外两个环节。课堂习题包括基础的语音语调、轻声、儿化、变声、连读等拼音形式的语音练习,注重对本课学习生词、句型的复习和应用;课外习题主要结合学生生活,设定不同的生活情景,练习口头表达。

4. 拓展训练主要是对世界其他国家的简单介绍，由生词、边听边看、边看边读组成。这一部分的文字内容既有汉语拼音注音，又有英文解释，帮助学生提高汉语的听力和拼读能力。

本书最后附有每课听力部分的录音文本、部分练习的参考答案（口头表达或是自由发挥的练习没有提供参考答案）及词汇表，为教师备课、学生自学或是复习提供方便。

本书的教学资源可在网上下载，其内容包括常用句型、听力部分课文和口语部分课文。

本书每课建议安排 4 课时，听力 1～2 课时，口语 2～3 课时，教师可以按照学生的实际情况进行调整。

感谢吴蒙蒙编辑在审稿、校对中的细致与周到，她的敬业精神令我们的教材更加完善。

编著者　仲跻红

2016 年 8 月

教材里的人物

教师：刘老师（男）

林老师（女）

汪老师（年轻女）

中国学生：田丽丽　王刚

外国学生：韩泰英　美珍　桥本　福田

爱琳　安德烈　福兰克　贝迪

Mulu 目录

语 音 简 介

一、汉语拼音与国际音标对照

（一）声母

声母	国际音标	声母	国际音标
b	［p］	j	［tɕ］
p	［p'］	q	［tɕ'］
m	［m］	x	［ɕ］
f	［f］	zh	［tʂ］
d	［t］	ch	［tʂ'］
t	［t'］	sh	［ʂ］
n	［n］	r	［ʐ］
l	［l］	z	［ts］
g	［k］	c	［ts'］
k	［k'］	s	［s］
h	［x］		

（二）韵母

韵母	国际音标	韵母	国际音标	韵母	国际音标	韵母	国际音标
		i	［i］	u	［u］	ü	［y］
a	［A］	ia	［iA］	ua	［uA］		
o	［o］			uo	［uo］		
e	［ɤ］	ie	［iɛ］			üe	［yɛ］
ai	［ai］			uai	［uai］		
ei	［ei］			ui, uei	［uei］		
ao	［ɑu］	iao	［iɑu］				
ou	［ou］	iu, iou	［iou］				
an	［an］	ian	［iæn］	uan	［uan］	üan	［yæn］
en	［ən］	in	［in］	un, uen	［uən］	ün	［yn］
ang	［ɑŋ］	iang	［iɑŋ］	uang	［uɑŋ］		
eng	［əŋ］	ing	［iŋ］	ueng	［uəŋ］		
ong	［uŋ］	iong	［yŋ］				

韵母	国际音标	韵母	国际音标	韵母	国际音标	韵母	国际音标
特殊韵母							
-i	[ʅ]						
-i	[ʅ]						
ê	[ɛ]						
er	[ɐ]						

①i 列韵母前面没有声母时，分别写成 yi，ya，ye，yao，you，yan，yin，yang，ying，yong。

②u 列韵母前面没有声母时，分别写成 wu，wa，wo，wai，wei，wan，wen，wang，weng。

③ü 列韵母前面没有声母时，分别写成 yu，yue，yuan，yun。ü 上的两点省略。

④zh，ch，sh，r，z，c，s 的韵母用 -i。其中 z，c，s 之后用[ʅ]，zh，ch，sh，r 之后用[ʅ]。

二、声调符号

阴平	阳平	上声	去声	轻声
-	´	ˇ	`	
妈	麻	马	骂	吗
mā	má	mǎ	mà	ma

第 一 课

Wènhòu   yǔ   jièshào
问 候 与 介 绍
Greeting and Introducing

Chángyòng jùxíng
一、常 用 句 型 Common sentences

Wǒ jiào…
1. 我 叫……（My name is…）

Nǐ jiào shénme míngzi?
2. 你 叫 什 么 名字?（What is your name?）

Wǒ shì…
3. 我 是……（I am…）

Nǐ shì…   ma?
4. 你 是…… 吗?（Are you …?）

Tīnglì
二、听力 Listening

（一）生词 New words

1. nǐ	你	代	you
2. hǎo	好	形、副	good , well
3. wǒ	我	代	I, me
4. jiào	叫	动	to call, to name
5. shénme	什么	代	what
6. míngzi	名字	名	name
7. zhōngwén	中文	名	Chinese
8. shì	是	动	to be

9.	nǎ	哪	代	where, which
10.	guó	国	名	country, nation
11.	rén	人	名	people
12.	duì	对	形	correct, right
13.	hěn	很	副	very, very much
14.	gāoxìng	高兴	形、副	glad, happy; happily, cheerfully
15.	rènshi	认识	动	to meet, to know
16.	zǎo	早	形	early
17.	zǎoshang	早上	名	morning
18.	tā	她	代	she, her
19.	liúxuéshēng	留学生	名	overseas student
20.	tā	他	代	he, him
21.	bù	不	副	no, not
22.	lǎoshī	老师	名	teacher
23.	nín	您	代	you(respectful form)
24.	xìng	姓	动、名	surname
25.	xuéxí	学习	动	to study, to learn
26.	xíguàn	习惯	名、动	habit, to get used to
27.	Tián Lìlì	田丽丽	专名	name of a person
28.	Měizhēn	美珍	专名	name of a person
29.	Wáng Gāng	王刚	专名	name of a person
30.	Fúlánkè	福兰克	专名	name of a person
31.	Wāng lǎoshī	汪老师	专名	a teacher with surname Wang
32.	Měiguó	美国	专名	America

33. Zhōngguó	中国	专名	China
34. Yīngguó	英国	专名	Britain
35. Jiānádà	加拿大	专名	Canada

(二) 练习　Exercises

1. 听第一段录音,判断下列句子的正误。Listen to the first recording and decide if the following statements are true or false.

（1）田丽丽和美珍不是第一次见面。（　　）

（2）田丽丽是中国人。（　　）

（3）美珍是英国人。（　　）

（4）美珍很高兴认识田丽丽。（　　）

2. 听第二段录音,选择正确答案。Listen to the second recording and choose the correct answer to the following questions.

（1）对话的时间是（　　）

　　A. 早上　　　B. 中午　　　C. 下午

（2）谁是留学生?（　　）

　　A. 田丽丽　　B. 美珍　　　C. 王刚

（3）美珍是（　　）

　　A. 英国人　　B. 美国人　　C. 加拿大人

3. 听第三段录音,回答下列问题。Listen to the third recording and answer the following questions.

（1）对话中的老师姓什么?

_____

（2）对话中的老师是什么课的老师?

_____

（3）福兰克是哪国人?

_____

（4）福兰克在中国学习习惯吗？

（三）注释 Notes

1. 你是中国人吗？

"吗"，语气助词，用在句末，表示疑问。

"Ma" is a modal particle used at the end of a sentence, indicating doubt.

2. 老师，您贵姓？

"您贵姓"是询问他人姓氏时，为表示尊重而使用的敬语。

"Nín guìxìng" is an honorific form to inquire about the other's surname.

3. —在中国学习习惯吗？ —还不太习惯。

"太"是副词，表示极端的程度；"不太"也表示程度，意思是"不很"，一般用于否定，含委婉的语气。

"Tài" is an adverb, indicating an extreme degree; "bútài" is also used to indicate the degree, signifying "very", which is used to show negative meaning in an euphemistic way.

三、口语 Speaking
Kǒuyǔ

（一）生词 New words

1.	jiàoshì	教室	名	classroom
2.	dàjiā	大家	代	everyone, all
3.	hùxiāng	互相	副	each other
4.	jièshào	介绍	动	to introduce
5.	yě	也	副	also, too
6.	nǐmen	你们	代	you(plural)
7.	jiāo	教	动	to teach
8.	kè	课	名	lesson
9.	zěnmeyàng	怎么样	代	how
10.	zuìjìn	最近	名	recently
11.	gōngzuò	工作	动、名	to work, job

12.	máng	忙	形、动	busy
13.	yǒudiǎnr	有点儿	副	a little bit
14.	shàngkè	上课	动	to give a class
15.	gěi	给	动	to give
16.	diànhuà	电话	名	telephone
17.	jiē	接	动	to receive, to catch
18.	duìbuqǐ	对不起	动	Excuse me. Sorry.
19.	méi guānxi	没关系		It doesn't matter. Never mind.
20.	wǒmen	我们	代	we
21.	zài	再	副	again
22.	liáo	聊	动	to chat
23.	zàijiàn	再见	动	good bye
24.	Hán Tàiyīng	韩泰英	专名	name of a person
25.	Qiáoběn	桥本	专名	name of a person
26.	Fútián	福田	专名	name of a person
27.	Lín lǎoshī	林老师	专名	a teacher with surname Lin
28.	Hánguó	韩国	专名	Korea
29.	Rìběn	日本	专名	Japan

（二）课文　Text

1

（教室里大家互相介绍）

韩　泰　英：大家好，我叫韩泰英。

桥　　　本：你好！你是哪国人？

韩　泰　英：我是韩国人。你呢？

桥　　　本：我是日本人。我叫桥本。这是福田。

福　　田：你好,我是福田。我也是日本人。

美　　珍：你们好！我叫美珍,我是美国人。你呢?

福 兰 克：我是加拿大人。这是汪老师,教我们听说课。

大家一起：汪老师,您好!

汪 老 师：你们好！在中国学习怎么样?

大家一起：马马虎虎。

2

汪老师：您好,林老师。

林老师：你好,汪老师。下课了?

汪老师：是啊。您最近怎么样啊?

林老师：还好,每天上课。你呢? 工作忙吗?

汪老师：有点儿忙,开始给留学生上课了。

(汪老师电话响了)

汪老师：对不起,我接个电话。

林老师：没关系,你接电话。我们改天再聊吧。

汪老师：好! 改天我给你打电话。

林老师：行,再见!

汪老师：再见!

(三) 注释　Notes

"Zěnmeyàng" is always used to inquire about the status, which may be used with "gōngzuò" "xuéxí" "shēntǐ" and may be collocated in the following structure such as "Gōngzuò zěnmeyàng?" "Xuéxí zěnmeyàng?" "Shēntǐ zěnmeyàng?". "Mǎmǎ-hūhū" "hái hǎo" "hái kěyǐ" may be used to respond.

1. —在中国学习怎么样? —马马虎虎。

"怎么样"用来询问状态,可以对工作、学习、身体进行提问,如"工作怎么样?""学习怎么样?""身体怎么样?"。可以用"马马虎虎""还好""还可以"来应答。

2. —下课了？—是啊。

中国人之间打招呼时,有时会根据对方的行为进行估计,估计对方做什么就问什么,"上课去呀?""回来了!""出去啊?"。这是一种常见的打招呼的方式。

> When Chinese people meet on the way, they may figure out what the other party is going to do or what the other party has done. They would like to talk about what they have figured out. "Shàngkè qù ya?" "Huílái le!" "Chūqù a?" are common ways of greeting each other.

(四) 练习　Exercises

1. 根据第一篇课文,把下面的句子填充完整。Fill in the blanks according to the first text.

教室里大家_____介绍。韩泰英是_____人。桥本和福田是_____人。美珍是_____人。福兰克是_____人。福兰克介绍了_____,汪老师_____他们听说课。汪老师问大家在中国_____。大家说_____。

2. 根据第二篇课文,回答以下问题。Answer the following questions according to the second text.

(1) 林老师和汪老师在哪里对话?(　　)

　　A. 学校里　　　B. 超市　　　C. 商店

(2) 林老师最近怎么样?(　　)

　　A. 不太好　　　B. 马马虎虎　　　C. 还好

(3) 汪老师工作怎么样?(　　)

　　A. 不太忙　　　B. 有点儿忙　　　C. 很忙

(4) 汪老师的电话响了。她要干什么?(　　)

　　A. 接电话　　　B. 打电话　　　C. 先上课

Tīngshuō shíjiàn
四、听 说 实 践　Practice of listening and speaking

(一) 课堂习题　In-class practice

1. 四个声调练习。The four tones.

tā	—	tǎ	tà		dā	dá	dǎ	dà
tē	—	—	tè		dē	dé	—	dè
tī	tí	tǐ	tì		dī	dí	dǐ	dì

tū	tú	tǔ	tù		dū	dú	dǔ	dù
tāi	tái	—	tài		dāi	—	dǎi	dài
tiē	—	tiě	tiè		diē	dié	—	—
tuō	tuó	tuǒ	tuò		duō	duó	duǒ	duò

2. 学习下列常用问候语。Learn the following commonly used greetings.

你好！	你们好！	您好！	
你早！	你们早！	您早！	
大家好！	同学们好！	老师好！	
早上好！	上午好！	下午好！	晚上好！

3. 学习下列礼貌用语。Learn the following politeness formulae.

请	请问
谢谢！	—不谢！
对不起！	—没关系！
再见！	—再见！
明天见！	—明天见！

4. 用本课生词填空。Fill in the blanks with new words in this unit.

| 学习 | 怎么样 | 认识 | 什么 | 电话 | 留学生 |
| 忙 | 哪 | 上课 | 介绍 | | |

（1）你叫_____名字？

（2）你是_____国人？

（3）很高兴_____你。

（4）美珍是_____，在中国_____。

（5）最近工作_____？有点儿_____。

（6）汪老师在接_____。

（7）汪老师给留学生_____。

（8）大家在教室里互相_____。

5. 根据例句,用"你是……吗?"进行替换。Write the following phrases into sentences according to the model.

例:美珍,英国人/美国人

你是美珍吗? —对/是的,我是美珍。

你是英国人吗? —不是,我是美国人。

(1) 桥本,韩国人/日本人

_____

(2) 福兰克,法国人/加拿大人

_____

(3) 韩泰英,中国人/韩国人

_____

(4) 福田,美国人/日本人

_____

6. 完成下列对话。Finish the following dialogue.

王刚:你好!

桥本:_____! 你叫什么_____?

王刚:我叫王刚。_____?

桥本:我叫桥本。你是_____吗?

王刚:不是,我是中国学生。你是留学生吗?

桥本:_____。

王刚:你是_____人?

桥本:我_____日本人。很_____认识你。

王刚:我_____很高兴认识你。

(二) 课后习题　After-class practice

1. 根据情景选用词语会话。Make a free talk with words given below according to different situation.

（1）你是班级的新同学,在班级里做一个自我介绍,让大家认识你。

You are the new student and now it is your turn to make a self-introduction to your classmates.

我叫……（姓名）	我是……（哪国人）
在中国……（干什么）	学习……（怎么样）

（2）班级来了一个新同学,你是老师,向大家介绍这位新同学。

A new student joins our class. If you were the teacher, make a brief introduction of this student to others.

他/她叫……（姓名）	他/她是……（哪国人）
在中国……（干什么）	学习……（怎么样）

2. 说一说。Free talk.

介绍一个你刚刚认识的朋友。

Make a brief introduction of your new friend.

Kuòzhǎn xùnliàn

五、扩 展 训 练　Expansion drill

（一）生词　New words

1.	dōngběi	东北	名	northeast
2.	nánbù	南部	名	southern part
3.	lín	临	动	to face
4.	hǎi	海	名	sea
5.	běimiàn	北面	名	northern side
6.	dī	低	形、动	low; to lower
7.	shān	山	名	mountain, hill
8.	xià	夏	名	summer
9.	dōng	冬	名	winter
10.	hánlěng	寒冷	形	cold, frigid

11. gānzào	干燥	形	dry
12. chūn	春	名	spring
13. qiū	秋	名	autumn, fall
14. jīngjì	经济	名	economy
15. fāzhǎn	发展	动、名	to develop, development
16. xùnsù	迅速	形	rapid, swift
17. shìjiè	世界	名	world
18. yōujiǔ	悠久	形	with a long history
19. lìshǐ	历史	名	history
20. wénhuà	文化	名	culture
21. yīnyuè	音乐	名	music
22. yùndòng	运动	名	sport
23. huānyíng	欢迎	动	to welcome

(二) 边听边看 Listen and read

Hánguó wèiyú dōngběiyà Cháoxiǎnbàndǎo nánbù,
韩国 位于 东北亚 朝鲜半岛 南部,
sān miàn lín hǎi, běimiàn yǔ Cháoxiǎn xiānglín. Hánguó dìxíng
三 面 临海,北面 与 朝鲜 相邻。韩国地形
duōyàng, dīshān, qiūlíng hé píngyuán jiāocuò fēnbù; sìjì
多样 ,低山、丘陵和 平原 交错 分布;四季
fēnmíng, xiàjì yánrè cháoshī, dōngjì hánlěng gānzào, chūn qiū
分明,夏季 炎热 潮湿,冬季 寒冷 干燥,春 秋
liǎng jì jiào duǎn. Hánguó jīngjì fāzhǎn xùnsù, shì shìjiè shàng
两季 较 短。韩国 经济 发展 迅速,是 世界 上
jīngjì fāzhǎn zuìkuài de guójiā zhī yī. Qìchē, zàochuán, diàn
经济 发展 最快 的 国家之一。汽车、造 船 、电
zǐ děng shì Hánguó de zhīzhù chǎnyè.
子 等 是 韩国 的 支柱 产业。

Korea locates in the southern part of Korean Peninsula in northeast Asia, with coasts in three sides and North Korea to the north. Korea is a varied land, of low mountains, hills and plains. Korea has four distinct seasons, characterized with hot, humid summer and cold, dry winter and with short spring and autumn. Korea develops quickly and ranks among the fastest growing economies in the world with automobile manufacturing, shipbuilding and electronic industry as the pillar industry.

（三）边看边读　Read aloud

Korea enjoys a long history and splendid culture, which develops its own characteristics in painting, music, dance and drama. Korean people loves sports very much and Korea hosted the 1988 Olympic Games and hosted the 2002 World Cup with Japan and will host the 2018 Winter Olympic Games. Korea food has formed its own inherent features of kimchi. Cold noodles, Korean barbecue and bibimbap are well received home and abroad.

Hánguó jù yǒu yōujiǔ de lìshǐ hé cànlàn de wénhuà, zài
韩 国 具 有 悠 久 的 历 史 和 灿 烂 的 文 化,在
měishù、yīnyuè、wǔdǎo hé xìjù děng fāngmiàn dōu yǒu zìjǐ
美 术、音 乐、舞 蹈 和 戏 剧 等 方 面 都 有 自 己
de tèsè. Hánguó rénmín shífēn rè'ài yùndòng, jǔbàn le
的 特 色。韩 国 人 民 十 分 热 爱 运 动,举 办 了
nián Hànchéng Àoyùnhuì, yǔ Rìběn yīqǐ jǔbàn le
1988 年 汉 城 奥 运 会,与 日 本 一 起 举 办 了 2002
Hán Rì shìjièbēi, bìng jiāng zài nián jǔbàn dōngjì
韩 日 世 界 杯,并 将 在 2018 年 举 办 冬 季
Àoyùnhuì. Hánguó de yǐnshí yǐ pàocài wénhuà wéi tèsè,
奥 运 会。韩 国 的 饮 食 以 泡 菜 文 化 为 特 色,
lěngmiàn、kǎoròu、bànfàn děng yě shēnshòu Yàzhōu qítā
冷 面、烤 肉、拌 饭 等 也 深 受 亚 洲 其 他
guójiā mínzhòng de huānyíng.
国 家 民 众 的 欢 迎。

第二课

Zīxún yǔ gòuwù
咨询 与 购物
Inquiring and Shopping

Chángyòng jùxíng
一、常 用 句型 Common sentences

Nǐ qù nǎr?
1. 你 去 哪儿? (Where are you going?)

Zài nǎr mǎi de?
2. 在 哪儿 买 的? (Where did you buy it?)

Mǎi le shénme?
3. 买 了 什么? (What did you buy?)

Nǐ xūyào shénme?
4. 你 需要 什么? (What do you want?)

Wǒ xiǎng mǎi…
5. 我 想 买……(I want to buy…)

Wǒ hái yào…
6. 我 还 要……(I also need…)

Tīnglì
二、听力 Listening

(一) 生词 New words

1.	xiǎng	想	动	to want
2.	mǎi	买	动	to buy
3.	yīxiē	一些		some, a little, a number of
4.	dōngxi	东西	名	thing, stuff
5.	shēnghuó	生活	名、动	life, live
6.	nà	那	代、连	that, then

7. nǎr	哪儿	代	where
8. xuéxiào	学校	名	school
9. xièxie	谢谢	动	to thank
10. zhǎo	找	动	to look for
11. yīzhí	一直	副	straight
12. zǒu	走	动	to walk
13. hái	还	副	also, still
14. pángbiān	旁边	名	side, next to
15. sòng	送	动	to give as a present
16. méi	没	副	no, not, never
17. méiyǒu	没有	副、动	no, there is not
18. zhēn	真	副	truly, really, indeed
19. bùcuò	不错	形	good

（二）练习 Exercises

1. 听第一段录音,选择正确答案。Listen to the first recording and choose the correct answer to the following questions.

（1）爱琳想要干什么?（   ）

　　A. 买东西　　　　　B. 回宿舍　　　　　C. 去商场

（2）爱琳想买什么东西?（   ）

　　A. 生活用品　　　　B. 书本　　　　　　C. 衣服

（3）超市在哪儿?（   ）

　　A. 学校大门里面　　B. 学校大门对面　　C. 学校大门旁边

2. 听第二段录音,判断下列句子的正误。Listen to the second recording and decide if the following statements are true or false.

（1）爱琳没有看到营业员。（   ）

（2）爱琳要买牙膏、牙刷,还要买洗面奶和香皂。（   ）

（3）洗面奶在牙膏的对面。（   ）

3. 听第三段录音,回答下列问题。Listen to the third recording and answer the following questions.

(1) 爱琳今天去哪儿了?

_____

(2) 爱琳今天买了什么?

_____

(3) 爱琳买的生活用品打折了吗?

_____

(4) 超市送了什么给她?

_____

(三) 注释　Notes

1. 我想去买些东西。

"想"在汉语中是个多义词,可以表示思考,表示怀念,表示推测,也可以表示打算。"我想"后面跟动词,往往表示打算或希望。

➢ 我想去学校。

"Xiǎng" is a polysemic word in Chinese, which means "to think", or "to miss", or "to guess", or "to plan". "Wǒ xiǎng" followed by a verb usually means "to plan to" or "to want to".

2. 我想买牙膏、牙刷,还有一些生活用品。

"还有"是指除了上文提到的、另外的东西,一般用于列举。

➢ 我们班有美国同学、日本同学、还有韩国同学。

"Hái yǒu" refers to some other objects which are not included in the previous mentioning. This phrase is usually used in enumeration.

3. 那去学友超市吧。

"吧"用在句末,是一个助词,表示提议或是建议。

➢ 我们去超市吧。

"吧"用在句末,也可以表示同意或认可。

➢ 好吧,我们去超市。

"Ba", used at the end of a sentence, is an auxiliary word, indicating suggestion.

"Ba", used at the end of a sentence, can also indicate agreement or acknowledgement. ".

In Chinese, "Xièxie nǐ!" or "Xièxie!" or "Duō xiè!" or "Fēicháng gǎnxiè" are used to express the feelings of gratitude. The corresponding response can be "Bùxiè!" or "Bù kèqi!" or "Bùyòng kèqi!" or "Méi shénme!" or "Bù yòngxiè!" or "Bié kèqi!".

"Qǐng wèn" is a polite form which is used to ask others to answer questions. "zài nǎr" is used to ask for the specific position or detailed places. "Qǐng wèn…zài nǎr?" is the sentence structure which is often used to ask for the specific places in a polite way.

"Pángbiān" is used to indicate the position next to something. "Biān" can be used to combine with nouns of locality to indicate certain position, such as "shàngbiān", "xiàbiān", "zuǒbiān" and "yòubiān".

"Le", an auxiliary word, indicates an action which has been finished or which has already happened when used after the verb.

"Dǎzhé" is the discount offered to the purchaser by the seller during commercial transaction.

"Dànshì", often used in the second half of a sentence, indicates transition.

4. —谢谢你！ —不客气。

汉语中经常使用"谢谢你！""谢谢！""多谢！"或"非常感谢！"来表示对别人的感激之情。一般可以用"不谢！""不客气！""不用客气！""没什么！""不用谢！"或"别客气！"来应答。

➢ A：多谢您的帮助！

B：不用客气。

5. 请问牙膏和牙刷在哪儿？

"请问"，礼貌用语，一般用于向别人提出问题，请求对方回答。"在哪儿"是对具体地点的询问。"请问……在哪儿？"是有礼貌地询问对方具体位置或地点。

➢ 请问学友超市在哪儿？

6. 在牙膏的旁边。

"旁边"表示临近的位置。"边"可以和一些表示方位的词一起使用，表示靠近某个方位，可以组成"上边""下边""左边""右边"。

➢ A：请问洗面奶在哪儿？

B：在牙膏的旁边。

7. 我去超市了。

"了"，助词，用在动词后面，表示动作已经完成或是实际已经发生的动作。

➢ 我买了一双鞋。

8. 打折了吗？

"打折"是商品买卖时，卖方给予买方的价格优惠。

9. 但是送了我一支牙膏。

"但是"一般出现在句子的后半句，表示转折。

➢ 我想去超市，但是不知道在哪儿。

三、口语 Speaking

（一）生词 New words

1.	shāngdiàn	商店	名	shop, store
2.	yīfu	衣服	名	clothes
3.	yùndòng	运动	名	sport
4.	xié	鞋	名	shoe
5.	yùndòngxié	运动鞋	名	sneaker
6.	nàge	那个	代	that
7.	mài	卖	动	to sell
8.	piányi	便宜	形	cheap
9.	zhège	这个	代	this
10.	yuè	月	名	month
11.	yǒu	有	动	there be, to have
12.	dōu	都	副	both, all
13.	míngtiān	明天	名	tomorrow
14.	kàn	看	动	to look, to watch, to read
15.	kànkan	看看		to have a look, to show
16.	zài	在	介、动	in, at
17.	yī	一	数	one
18.	yīqǐ	一起	副	together

（二）课文 Text

1

韩泰英：你去哪儿？

桥　本：去联华商店。

韩泰英：想买什么东西？

桥　本：我想买衣服，还想买运动鞋。

韩泰英：那个商店卖的运动鞋便宜吗？

桥　本：很便宜！这个月有大甩卖,卖的东西都很便宜。

韩泰英：那我明天也去看看。

2

安德烈：你身上的衣服真不错！在哪儿买的呀？

福兰克：在联华商店。

安德烈：你一个人去的吗？

福兰克：不是,我和桥本一起去的。

安德烈：他也买了衣服吗？

福兰克：是的,他还买了运动鞋,很便宜。

安德烈：我也想去看看。

(三) 注释　Notes

"Nàge", a demonstrative pronoun, is used to refer to or substitute the noun which has been mentioned.

"Dà shuǎimài" is a commercial term, referring to the sales promotion way by selling goods at reduced prices.

"Ya" is a modal particle used at the end of a sentence in spoken language, indicating doubt or exclamation.

1. 那个商店卖的运动鞋便宜吗？

"那个",指示代词,用来指称或代替前面提到过的名词。

2. 这个月有大甩卖,卖的东西都很便宜。

"大甩卖"是商业用语,指商家以低廉的价格销售商品的一种促销方法。

3. 在哪儿买的呀？

"呀",口语语气助词,用在句末,表示疑问或是感叹。

(四) 练习　Exercises

1. 根据第一篇课文,回答以下问题。Answer the following questions according to the first text.

(1) 桥本要去哪儿？

（2）他去那儿干什么？

_____

（3）那个商店卖的运动鞋便宜吗？

_____

（4）为什么便宜呢？

_____

（5）韩泰英明天干什么？

_____

2. 根据第二篇课文，把下面的句子填充完整。Fill in the blanks according to the second text.

福兰克和_____一起去联华_____买东西。福兰克买了_____，桥本_____买了衣服。桥本_____买了_____，很便宜。安德烈也想_____。

四、听 说 实 践 Practice of listening and speaking
Tīngshuō shíjiàn

（一）课堂习题 In-class practice

1. 四个声调练习。The four tones.

bā	bá	bǎ	bà	pā	pá	—	pà
bō	bó	bǒ	bò	pō	pó	pǒ	pò
mī	mí	mǐ	mì	bī	bí	bǐ	bì
fū	fú	fǔ	fù	pū	pú	pǔ	pù
bāo	báo	bǎo	bào	pāo	páo	pǎo	pào
bīn	—	—	bìn	pīn	pín	pǐn	pìn
māi	mái	mǎi	mài	fēi	féi	fěi	fèi
māng	máng	mǎng	—	fāng	fáng	fǎng	fàng

2. 用本课生词填空。Fill in the blanks with new words in this unit.

> 还 一起 也 便宜 都 买 什么 哪儿 学校

（1）桥本是日本人,福田_____是日本人。他们_____是日本人。

（2）我去超市_____生活用品。

（3）学友超市在_____大门对面。

（4）商店在大甩卖,东西都很_____。

（5）我和安德烈_____去了老师的办公室。

（6）请问,老师的办公室在_____?

（7）你想买_____? 我想买运动鞋。

（8）我要买牙膏、牙刷,_____要买香皂。

3. 用"但是"改写句子。Rewrite the following sentences with "dànshì".
（1）我听说过这个超市。我不知道在哪儿。

_____

（2）我在超市里。我不知道牙膏在哪儿。

_____

（3）日用品没有打折。送了一支牙膏给我。

_____

（4）福兰克和桥本去了商店买衣服。安德烈没有去。

_____

4. 用"还有"将下列词或短语连成句子。Write the following words or phrases into sentences with "háiyǒu".
（1）我们班的同学 美国的 日本的 泰国的

_____

（2）我买了很多东西 牙膏 牙刷 香皂

_____

（3）我们下午去了老师办公室 美珍 爱琳 贝迪

_____

（4）学校大门对面　超市　商店

_____

5. 用"在哪儿""什么"完成句子。Make sentences with "zàinǎr" or "shénme".

（1）老师的办公室　在那儿

_____

（2）安德烈　衣服

_____

（3）学友超市　学校大门对面

_____

（4）爱琳　学友超市

_____

（5）超市　一支牙膏

_____

（6）美珍　学汉语

_____

6. 完成下列对话。Finish the following dialogue.

桥本：明天_____去超市买东西。

福田：我_____想去。

桥本：你想买_____?

福田：一些_____用品。你呢?

福田：我想_____运动鞋。超市的东西不打折，_____很便宜。

桥本：好。那我们_____去吧!

（二）课后习题　After-class practice

1. 根据情景选用词语会话。Talk with your classmates with words given below according to different situation.

（1）和班里的同学交流你去超市买东西的情况。

Talk with your classmates about what happened when you were shopping in the supermarket.

> 买东西　请问　在哪儿　我要　我想　但是

（2）你从超市回来,和宿舍的同学谈论你买的东西。

Talk with your roommate about what you bought in the supermarket.

> 我买了　还　也　打折　便宜　送　真不错

2. 说一说。Free talk.

说一说你在超市或商店买东西时的经历,你遇到的有趣的事或是麻烦的事。

Talk about your experience of shopping in the supermarket or in the shop. It may be something interesting or the troubles you have got into.

Kuòzhǎn xùnliàn

五、扩 展 训 练　Expansion drill

（一）生词　New words

1. dōngbù	东部	名	eastern part
2. běi	北	名	north
3. jìjié	季节	名	season
4. zìrán	自然	名	nature
5. yōuměi	优美	形	beautiful, graceful
6. yǐhòu	以后	名	after, later on
7. chéngwéi	成为	动	to become
8. fùyù	富裕	形	prosperous, rich, well-off

9. fādá　　发达　　形　　developed, advanced

10. guójiā　　国家　　名　　country, nation, state

11. zhī yī　　之一　　　　one of

12. chuántǒng　　传统　　名　　tradition

13. jiào　　较　　副　　comparatively

14. liúxíng　　流行　　形　　popular

15. jiérì　　节日　　名　　festival

16. jìnxíng　　进行　　动　　to conduct

17. qìngzhù　　庆祝　　动　　to celebrate

18. huódòng　　活动　　名　　activity

(二) 边听边看　Listen and read

Rìběn shì Yàzhōu dōngbù de yī gè dǎoguó, yǔ
日本 是 亚洲 东部 的 一 个 岛国，与
Zhōngguó géhǎi xiāngwàng. Rìběn guótǔ nán běi
中国 隔海 相望。日本 国土 南北
xiácháng, sìjì fēnmíng, zìrán jǐngsè yōuměi. Èrzhàn
狭长，四季 分明，自然 景色 优美。二战
yǐhòu, Rìběn jīngjì fēisù fāzhǎn, chéngwéi shìjiè
以后，日本 经济 飞速 发展，成为 世界
dì-sān dà jīngjìtǐ. Rìběn shì quánqiú zuì fùyù, jīngjì
第三 大 经济体。日本 是 全球 最富裕，经济
zuì fādá de guójiā zhī yī.
最 发达 的 国家 之一。

Japan is an island nation in eastern part of Asia, which lies across the sea to the east of China. Japan is long and narrow from north to south with four distinct seasons and beautiful natural scenery. After the Second World War, Japan develops quickly and has become the third economic entity in the world. Japan ranks among the most prosperous and the most developed countries.

（三）边看边读　Read Aloud

In traditional culture of Japan, teaism, ikebana, and calligraphy enjoy great reputation. In addition, sumo, judo, and karate are all popular sports events. Japanese like eating sashimi and sushi, and drinking sake. On festivals, they like to wear kimono and carry out different activities to celebrate.

Rìběn chuántǒng wénhuà zhōng de "chádào, huādào, shūdào" fù yǒu shèngmíng. Cǐ wài, xiāngpū, róudào, kōngshǒudào yě shì zài Rìběn jiào wéi liúxíng de yùndòng xiàngmù. Rìběn rén xǐhuan chī shēngyúpiàn, shòusī, xǐhuan hē qīngjiǔ, zài jiérì de shíhou, xǐhuan chuān shàng héfú, jìnxíng gèzhǒng qìngzhù huódòng.

日本 传统 文化 中 的"茶道、花道、书道"负有 盛名 。此外， 相扑 、柔道、空手道也是在日本较为流行的运动项目。日本人喜欢吃 生鱼片 、寿司，喜欢 喝清酒，在节日的时候，喜欢 穿 上和服，进行各种 庆祝 活动。

第三课

Jiāotōng yǔ zhùsù

交 通 与 住 宿
Transportation and Accommodation

Chángyòng jùxíng
一、常 用 句 型 Common sentences

Zěnme le?
1. 怎 么 了？ （What's the matter with you?）

Gāotiě yòu kuài yòu shūfu.
2. 高铁 又 快 又 舒服。（The high-speed rail is quick and comfortable.）

Kěyǐ zuò gōnggòngqìchē, yě kěyǐ zuò dìtiě.
3. 可以 坐 公共汽车，也 可以 做 地铁。（We may go there by bus or by underground.）

Yǒu shénme wèntí ma?
4. 有 什 么 问题 吗？（Is there anything wrong?）

Cóng xuéxiào zěnme qù Jīnshān gōngyuán ne?
5. 从 学 校 怎么 去 金山 公 园 呢？（How can we go to the Jinshan Park from our university?）

Wǒ xǐhuan…
6. 我 喜欢……（I like …）

Tīnglì
二、听力 Listening

（一）生词 New words

1. zěnme	怎么	代	how
2. zhème	这么	代	so, such
3. jīngshen	精神	名	spirit, vigor

4.	wǎnshang	晚上	名	evening, night
5.	shuì	睡	动	to sleep
6.	sùshè	宿舍	名	dormitory
7.	tài	太	副	too
8.	rè	热	形、动、名	hot, heat up, heat
9.	kāi	开	动	to turn on, to open
10.	huài	坏	形	bad, not work
11.	kěyǐ	可以	助动	may
12.	xiàng	向	介、动	towards, to turn towards
13.	qǐng	请	动	to invite, please
14.	xiūlǐ	修理	动	to repair, to fix
15.	yǐjīng	已经	副	already
16.	xīwàng	希望	动、名	(to) hope, (to) wish
17.	jīntiān	今天	名	today
18.	néng	能	助动	to be able to, can
19.	zhèyàng	这样	代	like this
20.	xiūxi	休息	动	to have a rest
21.	qù	去	动	to go
22.	wánr	玩儿	动	to play, to enjoy
23.	zuò	坐	动	to sit
24.	yòu	又	副	again
25.	shūfu	舒服	形	comfortable

26.	xiànzài	现在	名	now, at present
27.	piào	票	名	ticket
28.	qìchē	汽车	名	automobile
29.	gōnggòngqìchē	公共汽车	名	bus
30.	dìtiě	地铁	名	underground
31.	fāngbiàn	方便	形	convenient
32.	Nánjīng	南京	专名	a city in China, capital of Jiangsu Province
33.	Fūzǐmiào	夫子庙	专名	Confucius Temple, cultural relics in Nanjing

（二）练习 Exercises

1. 听第一段录音，选择正确答案。Listen to the first recording and choose the correct answer to the following questions.

（1）爱琳今天怎么了？（ 　　）

　　A. 没精神　　　　B. 没上课　　　　C. 不舒服

（2）爱琳的宿舍里怎么了？（ 　　）

　　A. 太吵了　　　　B. 太冷了　　　　C. 太热了

（3）爱琳为什么不开空调呢？（ 　　）

　　A. 没有空调　　　B. 空调坏了　　　C. 没有电

（4）爱琳应该怎么办呢？（ 　　）

　　A. 自己修理　　　B. 向管理员报修　　C. 自己请人修理

（5）爱琳的空调修好了吗？（ 　　）

　　A. 已经修好了　　B. 还没有

2. 听第二段录音，判断下列句子的正误。Listen to the second recording and decide if the following statements are true or false.

（1）贝迪和美珍今天休息。（ 　　）

（2）他们坐地铁到南京去玩儿。（ 　　）

（3）高铁又快又舒服。（ 　　）

（4）他们已经买好票了。（ 　　）

3. 听第三段录音,回答下列问题。Listen to the third recording and answer the following questions.

(1) 美珍和贝迪要去哪儿?

_____

(2) 他们可以怎么去呢?

_____

(3) 坐公共汽车快,还是坐地铁快? 为什么?

_____

(4) 最后,他们坐什么去的呢?

_____

(三) 注释   Notes

1. 已经报修了。

"Yǐjing", adverb, is used to indicate that the action or change has finished completely or to a certain degree. In the sentence, it is usually put between the subject and predicate.

"已经",副词,用来表示动作或变化完成或达到某种程度,在句子中一般放在主语和谓语之间。

➤ 我已经去过超市了。

2. 这样你就能睡个好觉了。

"Zhèyàng", demonstrative pronoun, is used to indicate manner, way, or degree. In the text, it means "in this way".

"这样",指示代词,用来指示性质、状态、方式或程度。课文里是用来指示方式。

➤ 爱琳已经报修了,这样,管理员就会请人来修理空调。

3. 高铁又快又舒服。

"Yòu…yòu…" is used to show the coexistence of two or more different conditions or qualities.

"又……又……",表示几种性质或情况同时存在。

➤ 又快又好

4. 咱们怎么去呢?

"Zánmen" is used to address both this side (I or we) and the opposite side (you), which always includes both sides of the conversation. "Wǒmen" is used when excluding the opposite side.

"咱们",总称己方(我或我们)和对方(你或你们),用来表示包括谈话的双方。指称不包括谈话的对方用"我们"。

➤ 泰英,我们明天去南京玩儿。你要是不忙,咱们一起去。

三、口语　Speaking

（一）生词　New words

1. bāng	帮	动	to help
2. huàn	换	动	to exchange
3. fángjiān	房间	名	room
4. wèi shénme	为什么		why
5. wèntí	问题	名	question, problem
6. yīnwèi	因为	连	because
7. yíyàng	一样	形	same, alike
8. xǐhuan	喜欢	动	to like
9. xiàwǔ	下午	名	afternoon
10. shuìjiào	睡觉		to sleep
11. shuō	说	动	to speak, to say
12. gōngyuán	公园	名	park
13. wèn	问	动	to ask
14. cóng	从	介	from
15. qián	前	名	front
16. mén	门	名	gate, door
17. lù	路	名	way, road, path
18. xià	下	动、量、名	to get off, below, under
19. yuǎn	远	形	far
20. qí	骑	动	to ride
21. zìxíngchē	自行车	名	bike

22. duànliàn   锻炼   动   to take exercise

23. Jīnshān gōngyuán 金山公园   Jinshan Park, a scenic spot in Zhenjiang

(二)课文 Text

1

桥　本：我想请管理员帮我换个房间。

福　田：为什么呀？现在的房间有什么问题吗？

桥　本：房间没问题,是因为我和我的舍友生活习惯不太一样。

福　田：怎么不一样？

桥　本：他喜欢下午睡觉,深夜学习,但是我喜欢下午学习,晚上早点睡觉。

福　田：哦,这个是不太方便。你和管理员说了吗？

桥　本：说了。他说最近帮我换。

2

安德烈：明天去金山公园吧。

福兰克：好啊! 怎么去呢？

安德烈：我们去问汪老师。

福兰克：汪老师,从学校怎么去金山公园呢？

汪老师：可以到前门坐19路公共汽车,在中山桥换2路车,到金山公园下。

安德烈：真是很方便啊。

汪老师：金山公园不远,你们也可以骑自行车去。

福兰克：是啊,骑自行车又方便,又可以锻炼。

安德烈：好,那我们骑车去。

（三）注释 Notes

1. 可以到前门坐 19 路公共汽车

"路"指路线、线路,前面加数字或字母表示不同的公共汽车线路。

> 3 路车,105 路车

"Lù" means route or way. Number or letter plus "lù" means different bus routes.

（四）练习 Exercises

1. 根据第一篇课文,回答以下问题。Answer the following questions according to the first text.

（1）桥本想请管理员干什么呢?

_____

（2）他的房间有什么问题?

_____

（3）他的舍友怎么了?

_____

（4）桥本下午干什么?

_____

（5）管理员会帮他换房间吗?

_____

2. 根据第二篇课文,把下面的句子填充完整。Fill in the blanks according to the second text.

安德烈和福兰克_____去金山公园。他们不认识路,去_____汪老师。汪老师说可以坐_____去,到_____坐 19 路,在中山桥_____2 路车,到金山公园_____。但是金山公园_____,汪老师说他们也_____骑_____去,又_____又可以锻炼。

Tīngshuō shíjiàn
四、听 说 实 践 Practice of listening and speaking

(一)课堂习题 In-class practice

1. 声调练习。Tones.

(1)四个声调练习。The four tones.

nā	ná	nǎ	nà	lā	lá	lǎ	là
nē	né	—	nè	lē	—	—	lè
—	nú	nǔ	nù	lū	lú	lǔ	lù
—	—	nǔ	nù	—	lú	lǔ	lù
nān	nán	nǎn	nàn	lān	lán	lǎn	làn
—	nuó	—	nuò	luō	luó	luǒ	luò

(2)儿化练习。The retroflex final of "er".

huār	huàr	nǎr	nàr	dāobàr
dòuyár	zhǎochár	yíxiàr	xiǎodāor	xiǎoniǎor
màor	màimiáor	miàntiáor	bìnghàor	gànhuór
shàngpōr	fěnmòr	bèiwōr	xiǎohóur	niǔkòur
chànggēr	shùyèr	báitùr	lùzhūr	qūqūr

2. 用本课生词填空。Fill in the blanks with new words in this unit.

坐 喜欢 问 又 怎么 骑 玩儿 热 舒服 开

(1)我们_____去联华商店呢?

(2)宿舍里太_____了,我_____空调了。

(3)明天休息,你想去哪儿_____?

(4)我买的鞋很_____,真不错。

(5)超市里的东西_____多_____便宜。

(6)我要_____老师一个问题。

(7)_____公共汽车没有_____自行车方便。

(8)我_____学习汉语。

3. 用"已经"改写句子。Rewrite the following sentences with "yǐjīng".
(1) 我休息了。

_____

(2) 桥本买了衣服。

_____

(3) 福兰克问了汪老师问题。

_____

(4) 管理员帮我换了宿舍。

_____

(5) 爱琳给美珍打了电话。

_____

(6) 安德烈睡觉了。

_____

(7) 贝迪买了去南京的票。

_____

(8) 福兰克习惯了在中国学习。

_____

4. 用"可以……，也可以……"将下列词或短语写成句子。Write the following words or phrases into sentences with "kěyǐ…, yě kěyǐ…".
(1) 坐高铁, 坐汽车, 去南京

_____

(2) 骑自行车, 坐公共汽车, 去金山公园

_____

（3）今天,明天,去超市

_____

（4）在教室,在宿舍,学习

_____

（5）早上,下午,运动

_____

（6）打电话,去办公室,找林老师

_____

5. 用"怎么"或"为什么"完成句子。Make sentences with "zěnme" or "wèi shénme".

（1）去南京,玩儿

_____

（2）去南京,坐高铁

_____

（3）不舒服,没睡好

_____

（4）不开空调,空调坏了

_____

（5）换房间,太热了

_____

（6）坐高铁,又快又舒服

_____

6. 完成下列对话。Finish the following dialogue.

韩泰英：明天休息。我们去_____玩儿?

爱　琳：_____南京吧。

韩泰英：好啊。我们_____去呢？

爱　琳：我们可以_____，_____坐汽车。

韩泰英：那我们坐高铁吧，高铁_____快_____舒服。

爱　琳：好。我们怎么去车站呢？

韩泰英：坐_____,19 路。

（二）课后习题　After-class practice

1. 根据情景选用词语会话。Talk with your classmates with words given below according to different situation.

（1）和你的同学谈谈你的宿舍。

Talk with your classmates about your dormitory.

> 宿舍　舍友　生活　学习　习惯　睡觉　运动　锻炼　休息

（2）和你的同学谈谈你在中国的交通出行选择。

Talk about your choice of transportation means in China.

> 坐　骑　地铁　汽车　公共汽车　自行车　方便　快　便宜　舒服

2. 说一说。Free talk.

说一说你如何到你所在城市的一个景点。

Talk about how you can go to one of the scenic spots in the city.

Kuòzhǎn xùnliàn

五、扩 展 训练 Expansion drill

（一）生词　New words

1. quánchēng	全称	名	full name
2. qí	其	代	it
3. wèiyú	位于	动	to locate
4. Dàxīyáng	大西洋	专名	the Atlantic Ocean
5. xī	西	名	west

6.	Tàipíngyáng	太平洋	专名	the Pacific Ocean
7.	lìngwài	另外	形	additional
8.	děng	等	助	etc.
9.	hǎiwài	海外	名	oversea, abroad
10.	lǐngtǔ	领土	名	territory
11.	gōngyè	工业	名	industry
12.	chǔyú	处于	动	to be(in a certain condition)
13.	dìwèi	地位	名	position, status
14.	mùqián	目前	名	at present
15.	wéiyī	唯一	形	unique
16.	rénkǒu	人口	名	population
17.	yǐ	以	介	with, by
18.	jīngguò	经过	动、介	to pass, to go by, with
19.	mínzú	民族	名	nationality
20.	lánqiú	篮球	名	basketball
21.	diànyǐng	电影	名	film, movie
22.	chǎnshēng	产生	动	to produce
23.	zhòngyào	重要	形	important
24.	yǐngxiǎng	影响	动、名	(to) influence
25.	gèrén	个人	名	individual
26.	mínzhǔ	民主	名、形	democracy, democratic
27.	zìyóu	自由	名、形	freedom, free
28.	nǔlì	努力	形	hard
29.	shíxiàn	实现	动	to realize, to achieve
30.	zìjǐ	自己	代	oneself

（二）边听边看　Listen and read

Měiguó, quánchēng Měilìjiān hézhòngguó, qí běn tǔ wèiyú
美国，全称　美利坚合众国，其本土位于
Běiměizhōu, dōng lín Dàxīyáng, xī lín Tàipíngyáng, běimiàn
北美洲，东临大西洋，西临太平洋，北面
shì Jiānádà, nánbù yǔ Mòxīgē xiānglín, lìngwài háiyǒu
是加拿大，南部与墨西哥相邻，另外还有
Ālāsījiā、Xiàwēiyí、Guāndǎo děng hǎiwài lǐngtǔ. Měiguó
阿拉斯加、夏威夷、关岛等海外领土。美国
shì shìjiè shàng zuì fādá de zīběn zhǔyì guójiā, zài jīngjì、
是世界上最发达的资本主义国家，在经济、
wénhuà、gōngyè děng lǐngyù dōu chǔyú shìjiè lǐngxiān dìwèi,
文化、工业等领域都处于世界领先地位，
shì mùqián wéiyī de chāojí dàguó.
是目前唯一的超级大国。

America, officially the United States of America, locates in the North America, with the Atlantic Ocean to the east, the Pacific Ocean to the west, Canada on the north and Mexico on the south. What's more, America has many overseas territories, such as Alaska, Hawaii and Guam. America is the most developed capitalist country in the world, leading in economy, culture and industry. America is the world's sole super power.

（三）边看边读　Read aloud

Měiguó rénkǒu zhòngduō, jiànguó shí yǐ báirén wéizhǔ,
美国人口众多，建国时以白人为主，
jīngguò duōnián fāzhǎn, yǐ chéngwéi yī gè duōyuán mínzú,
经过多年发展，已成为一个多元民族、
duōyuán wénhuà guójiā. Měiguó de zhíyè lánqiúsài、Bǎilǎohuì
多元文化国家。美国的职业篮球赛、百老汇
de yīnyuè jù、Hǎoláiwù de diànyǐng、xiāngcūn yīnyuè、yáogǔn
的音乐剧、好莱坞的电影、乡村音乐、摇滚
yīnyuè hé hànbǎobāo duì shìjiè chǎnshēng le zhòngyào
音乐和汉堡包对世界产生了重要
yǐngxiǎng. Měiguó zhǔliú wénhuà qiángdiào gèrén jiàzhí,
影响。美国主流文化强调个人价值，
zhuīqiú mínzhǔ zìyóu, tuīchóng gèrén nǔlì fèndòu, shíxiàn
追求民主自由，推崇个人努力奋斗，实现
zìjǐ de "Měiguómèng".
自己的"美国梦"。

America, with a large population, has developed from predominantly white race when establishing into a multi-ethnic and multi-cultural country. American culture, such as national basketball, musicals in Broadway, movies in Hollywood, country music, rock and roll and hamburger, exert extensive and profound influence on the world. The main culture of America emphasizes the individual value, pursues democracy and freedom and respect personal effort to achieve their own "American dream".

第 四 课

Shùzì　yǔ　shíjiān
数 字 与 时 间
Number and Time

Chángyòng jùxíng
一、常 用 句 型 Common sentences

Jīntiān jǐ hào?
1. 今 天 几 号？(What is the date today?)

Jīntiān yuè hào.
2. 今 天 9 月 15 号。(Today is September the 15th.)

Xiànzài jǐ diǎn?
3. 现 在 几 点？(What time is it now?)

Sān diǎn yī kè.
4. 三 点 一 刻。(A quarter past three.)

Nǐ shénme shíhou guò shēngrì?
5. 你 什 么 时 候 过 生日？(When is your birthday?)

Wǒ yào chídào le.
6. 我 要 迟 到 了。(I will be late.)

Tīnglì
二、听力 Listening

（一）生词 New words

1. jǐ	几	代	how many
2. hào	号	名	date，number
3. tiān	天	名	day，sky
4. shí	十	数	ten
5. māma	妈妈	名	mother，mom
6. shēngrì	生日	名	birthday

7.	lǐwù	礼物	名	gift, present
8.	mǎshàng	马上	副	immediately, right away
9.	zhīdào	知道	动	to know
10.	hǎoxiàng	好像	动	seem, as if
11.	děng	等	动	to wait
12.	duōshǎo	多少	代	how many, how much
13.	huì	会	助动、动	can, to be able to
14.	kěnéng	可能	助动、动	maybe, possible
15.	diǎn	点	量	point, dot
16.	diǎn	点	名	o'clock
17.	sān	三	数	three
18.	chídào	迟到	动	to be late
19.	dào	到	动	to go to, to reach, to arrive
20.	bàngōngshì	办公室	名	office
21.	zhǐ	只	副	just
22.	wǔ	五	数	five
23.	fēnzhōng	分钟	名	minute
24.	qī	七	数	seven
25.	cái	才	副	only
26.	wán	完	动	to finish, to complete
27.	zuì	最	副	most
28.	duō	多	形	many, much
29.	xiǎoshí	小时	名	hour
30.	huílái	回来	动	to return, to come back
31.	zhùyì	注意	动	to notice, to pay attention to

（二）练习　Exercises

1. 听第一段录音,选择正确答案。Listen to the first recording and choose the correct answer to the following questions.

（1）今天几号?

A. 9 月 15 号　　　　　B. 10 月 5 号　　　　　C. 5 月 19 号

（2）妈妈的生日是几号?

A. 9 月 15 号　　　　　B. 9 月 25 号　　　　　C. 6 月 25 号

（3）美珍的生日是几号?

A. 9 月 15 号　　　　　B. 9 月 25 号　　　　　C. 6 月 25 号

2. 听第二段录音,判断下列句子的正误。Listen to the second recording and decide if the following statements are true or false.

（1）福兰克要给汪老师打电话。（　　　）

（2）福兰克知道汪老师的电话号码。（　　　）

（3）汪老师的电话是 87096579。（　　　）

（4）汪老师没有接电话。（　　　）

（5）汪老师可能在上课。（　　　）

（6）安德烈去办公室找汪老师了。（　　　）

3. 听第三段录音,回答下列问题。Listen to the third recording and answer the following questions.

（1）现在几点了?

_____

（2）爱琳和林老师约好的时间是几点?

_____

（3）爱琳和林老师约好到哪儿?

_____

（4）爱琳可以怎么去办公室?

_____

（5）贝迪晚上干什么? 几点?

_____

（6）爱琳什么时候能回来？

_____

（三）注释　Notes

1. 你知道汪老师的电话吗？

"电话"，一般是指电话机，这里是用来表示电话号码。

2. 会不会汪老师在上课？

"会"，可以作为助动词，表示有可能；"会不会"，表示对可能性的推测。汉语中类似的表达结构还有"能不能""行不行""好不好"等。

"Diànhuà" usually refers to the telephone. Here it means the telephone number.

"Huì", auxiliary verb, indicates possibility. "Huì bù huì" is used to speculate the possibility. In Chinese, similar structures "néng bù néng" "xíng bùxíng" "hǎo bù hǎo" are commonly used.

三、口语　Speaking
Kǒuyǔ

（一）生词　New words

1.	tiáo	条	量	piece, bar
2.	hǎokàn	好看	形	good-looking, beautiful
3.	qián	钱	名	money
4.	yuán	元	量	monetary unit of China
5.	juéde	觉得	动	to feel
6.	guì	贵	形	expensive
7.	gè	个	量	quantifier of number
8.	shíhou	时候	名	(duration of) time
9.	zhǔnbèi	准备	动、名	to prepare, (to) plan
10.	shàngwǔ	上午	名	forenoon
11.	sì	四	数	four

12.	jié	节	名、量	section, part
13.	èr	二	数	two
14.	shí'èr	十二	数	twelve
15.	xiàkè	下课	动	class is over
16.	qiú	球	名	ball
17.	lánqiú	篮球	名	basketball
18.	bǐsài	比赛	动、名	to compete, match, competition
19.	kāishǐ	开始	动	to begin, to start
20.	qiúchǎng	球场	名	field, court
21.	shì	事	名	thing
22.	gēn	跟	介、连、动	with, to follow
23.	péngyou	朋友	名	friend
24.	tāmen	他们	代	they, them
25.	yīngyǔ	英语	名	English
26.	yìsi	意思	名	meaning

(二) 课文 Text

1

美　珍：你给妈妈买的什么生日礼物？

韩泰英：买了一条丝巾。你看看。

美　珍：真好看。多少钱？

韩泰英：68 元。也有一百多的，我觉得太贵了。

美　珍：是的。你还买了一个玩具熊猫？

韩泰英：给我妹妹的，她 10 月过生日。

美　珍：你真是个好姐姐。你什么时候过生日？

韩泰英：和你一样,也是 6 月。

美　珍：我们都是 6 月过生日。

韩泰英：对,到时候一起庆祝。

2

桥　本：今天一天好忙啊!

福　田：怎么这么忙? 准备干什么?

桥　本：今天上午有四节课,十二点才下课。

福　田：那真是很忙! 下午呢?

桥　本：下午没有课,但是有球赛。我们留学生和中国学生的篮球比赛。

福　田：哦,我下午去给你们加油。几点开始?

桥　本：三点开始,在西山篮球场。

福　田：好。晚上还有事吗?

桥　本：有,今天晚上跟中国朋友去他们的英语角。

福　田：那真是太忙了,但是也很有意思呀。

(三) 注释　Notes

1. 买了一条丝巾。

"条"是量词,表示人、事物或动作的单位,如"个""双""节""元""件"等,通常和数词一起使用。

➤ 一双鞋,一件衣服,一节课

"Tiáo", quantifier, is the unit of thing or behavior which is usually used with numbers. Similar words are "gè", "shuāng", "jié", "yuán", "jiàn".

2. 你还买了一个玩具熊猫?

"熊猫",中国特有的珍贵动物,主要生活在西南地区高山中,吃竹叶、竹笋,体色为黑白两色,非常可爱,是中国的国宝。

"Xióngmāo", endemic and rare animal in China, mainly lives in the mountain area of southwest region. Fed mainly with bamboo leaves and bamboo shoots, "xióngmāo" is cute and often treated as the national treasure, with the color of black and white.

3. 今天晚上跟中国朋友去他们的英语角。

"英语角",是为提高英语,自发进行的一种英语口语练习活动,通常在晚上或周末,场所基本在室外。

"Yīngyǔjiǎo" is a spontaneous outdoor activity to practice oral English, which happens often in the evening or at weekends.

(四) 练习 Exercises

1. 根据第一篇课文,回答以下问题。Answer the following questions according to the first text.

(1) 泰英给妈妈买的什么生日礼物?

_____

(2) 礼物多少钱?

_____

(3) 泰英为什么不买一百多的?

_____

(4) 泰英为什么还买了一个玩具熊猫?

_____

(5) 她妹妹什么时候过生日?

_____

(6) 泰英什么时候过生日? 美珍呢?

_____

2. 根据第二篇课文,把下面的句子填充完整。Fill in the blanks according to the second text.

桥本今天一天很_____。他上午有_____课,_____才下课。下午没有课,但是有篮球_____,是_____和中国学生的比赛。下午_____开始,在西山篮球场。晚上他跟中国_____去他们的_____角。今天很忙,但是他觉得很有_____。

Tīngshuō shíjiàn
四、听 说 实 践　Practice of listening and speaking

（一）课堂习题　In-class practice

1. 声调练习。Tones.

（1）四个声调练习。The four tones.

tān	tán	tǎn	tàn		dān	—	dǎn	dàn
tāng	táng	tǎng	tàng		dāng	dáng	dǎng	dàng
—	nín	—	—		līn	lín	lǐn	lìn
—	níng	nǐng	nìng		—	líng	lǐng	lìng
bēn	—	běn	bèn		pēn	pén	—	pèn
bēng	béng	běng	bèng		pēng	péng	pěng	pèng

（2）"不"变调。The tone change of "bù".

bùxíng	bùhǎo	bùxiè	bùzài	bùkěn	bùmiào
bùlì	bùtóng	bùshì	bùcuò	bùgòu	bùgù
bùguāng	bùguǎn	bùyuàn	bùpà	bùqù	bùduì

2. 学习下列数字。Learn the following numbers.

1	2	3	4	5	6	7	8	9	10	11	12
一	二	三	四	五	六	七	八	九	十	十一	十二

10	20	30	40	50	60	70	80	90	100	1000	10000
十	二十	三十	四十	五十	六十	七十	八十	九十	一百	一千	一万

电话号码：88791944　　　88615307　　　13906103825
房 间 号：101　　　203　　　405　　　10908

3. 用本课生词填空。Fill in the blanks with new words in this unit.

> 注意　礼物　几　什么　分钟　好看　比赛　觉得

（1）现在是七点四十五,还有十五＿＿＿＿＿＿＿＿到八点。

（2）你＿＿＿＿＿＿＿＿点下课? 十点。

（3）路上车多,请＿＿＿＿＿＿＿＿安全。

（4）你这条丝巾真＿＿＿＿＿＿＿＿。

（5）你_____时候过生日？

（6）你_____这件衣服怎么样？

（7）爱琳就要过生日了。你准备买什么生日_____？

（8）下课后我们一起去球场看篮球_____。

4. 看图提问并回答。Ask questions and answer them according to the following clock and calendar.

（1）    （2）    （3）

（4）

一	二	三	四	五	六	日
						1
2	3	4	5	6	7	8
9	10	11	12	13	14	15
16	17	18	19	20	21	22
23	24	25	26	27	28	29
30	31					

（5）

一	二	三	四	五	六	日
					1	2
3	4	5	6	7	8	9
10	11	12	13	14	15	16
17	18	19	20	21	22	23
24	25	26	27	28	29	30

5. 用合适的量词填空。Fill in the blanks with suitable quantifiers.

元　个　件　双　节　条　支

一_____运动鞋　　三_____房间　　四_____课

五_____衣服　　两_____朋友　　三_____小时

十_____钱　　一_____丝巾　　两_____牙膏

6. 用"什么时候"将下列词或短语连成句子。Write the following words or phrases into sentences with "shénme shíhou".

（1）留学生和中国学生，篮球比赛；明天下午

_____

（2）林老师，在办公室；今天下午三点到五点

_____

（3）美珍,过生日;六月

_____

（4）我们,到南京玩儿;休息的时候

_____

（5）桥本,去英语角;现在

_____

（6）咱们,去超市;晚上

_____

7. 完成下列对话。Finish the following dialogue.

韩泰英:今天是 9 月 25 号,是我妈妈的生日。

美　珍:妈妈看到你买的_____会很高兴吧?

韩泰英:是的。我来给妈妈打个_____。

……

韩泰英:没有人_____电话。

美　珍:_____出去了?

韩泰英:有_____。那我等会儿_____打。

（二）课后习题　After-class practice

1. 根据情景选用词语会话。Talk with your classmates with words given be-low according to different situation.

（1）和你同学谈谈每天的作息时间。

Talk with your classmates about your daily timetable.

> 几点　什么时间　上课　下课　运动　锻炼　买东西
> 去公园　睡觉　休息

（2）和你的同学谈谈生活中的重要日期。

Talk about the important dates in your life.

几月几号   到中国   过生日   有球赛   上课迟到

2. 说一说。Free talk.

说一说自己或朋友的生日是怎么过的。

Have a free talk about how you or your friend celebrated their birthday.

Kuòzhǎn xùnliàn

五、扩展 训练 Expansion drill

(一) 生词 New words

1.	nánfāng	南方	名	south, southern part
2.	yǔ	与	介、连	with
3.	miànjī	面积	名	area
4.	dì-èr	第二		the second
5.	bùfen	部分	名	part, section
6.	dìqū	地区	名	district, area
7.	fēngfù	丰富	形	rich, abundant
8.	zhìliàng	质量	名	quality
9.	gāo	高	形	tall, high
10.	shòu	受	动	to receive, to suffer
11.	bǎohù	保护	动	to protect
12.	fēngyè	枫叶	名	maple leaf
13.	shù	树	名	tree
14.	jǐngsè	景色	名	scenery, landscape
15.	lǚyóu	旅游	动	to travel, to tour
16.	lǚyóu yè	旅游业	名	tourist industry

（二）边听边看　Listen and read

Jiānádà shì Běiměi zuì běi de guójiā, xī lín Tàipíngyáng,
加拿大 是 北美 最 北 的 国家,西 临 太平洋,
dōng lín Dàxīyáng, běi jiē Běibīngyáng, nánfāng yǔ Měiguó
东 临 大西洋,北 接 北冰洋,南方 与 美国
xiānglín. Jiānádà shì quán shìjiè miànjī dì-èr dà de guó
相邻。加拿大 是 全 世界 面积 第二 大 的 国
jiā. Jiānádà shì Yīngliánbāng guójiā zhī yī, bùfen dìqū
家。加拿大 是 英联邦 国家 之一,部分 地区
tōngxíng Yīng Fǎ shuāng yǔ. Zìrán zīyuán fēngfù, jīngjì
通行 英 法 双语。自然 资源 丰富,经济
fādá guómín shēnghuó zhìliàng gāo, shì shìjiè shàng zuì fùyù,
发达,国民 生活 质量 高,是 世界 上 最 富裕、
jīngjì zuì fādá de guójiā zhī yī.
经济 最 发达 的 国家 之一。

Canada is the northernmost country in North America, with the Pacific Ocean to the west, the Atlantic Ocean the east, the Arctic Ocean the north and the United States of America on the south. Canada is the second largest country in the world in territory. Canada is one of the British Common Wealth nations and in some parts both English and French are the official languages. With abundant natural resources and developed economy, Canada ranks among the richest and the most economically developed countries.

（三）边看边读　Read aloud

Jiānádà shì gè duō mínzú guójiā, qí wénhuà shòu gè
加拿大 是 个 多 民族 国家,其 文化 受 各
mínzú yǐngxiǎng ér chéngxiàn duōyànghuà tèzhēng, duōyuán
民族 影响 而 呈现 多样化 特征,多元
wénhuà zhǔyì shòu dào bǎohù. Jiānádà sù yǒu " fēng yè
文化 主义 受 到 保护。加拿大 素 有 " 枫叶
zhī guó " de měichèng, guóqí shàng yǒu fēngyè, guóshù shì
之 国 "的 美 称,国旗 上 有 枫叶,国树 是
fēngshù, háiyǒu tèchǎn fēngtángjiāng. Jiānádà zìrán jǐngsè
枫树,还有 特产 枫糖浆。加拿大 自然 景色
yōuměi, shìjiè yíchǎn zhòngduō, lǚyóu yè fādá.
优美,世界 遗产 众多,旅游 业 发达。

Canada is a multi-nationality country, thus its culture presents the feature of diversification with influences of different nationalities. Multiculturalism is highly protected. Canada is famous for its reputation of "land of maples", with maple leaf on the flag, maples as the national tree, and maple syrup as the specialty. Canada has picturesque landscape and many world heritages which contributes to the developed tourist industry.

Dānyuán　fùxí　yī
单 元 复 习 （一）
Review

一、打招呼

1. 常见的打招呼

   你好！

   （称谓）+ 好！

   您早！

   您好！

   早上好！

2. 中国人之间的打招呼方式

   吃了吗？

   上课去呀？

   打球去？

   你去哪儿了？

   你回来啦！

3. 比较

   （1）你所在国家的人们之间是怎样打招呼的呢？

   （2）你周围的中国人见面时有什么样的体态语呢？你所在国家的人们见面时有什么样的体态语呢？

4. 练习

   （1）你在路上遇到了你的留学生同学，你会怎样打招呼呢？

   （2）你在路上遇到了你的老师，你会怎样打招呼呢？

   （3）你在路上遇到了你的中国同学，你会怎样打招呼呢？

   （4）你在路上遇到了你的中国同学的妈妈，你会怎样打招呼呢？

二、做介绍

1. 介绍自己

   我叫……

   我是……

   我姓……

   我在美国出生。

我是美国人。

我今年二十岁。

我会说英语。

我正在学习汉语。

我是留学生。

2. 询问别人

你叫……吗？

你是……吗？

你姓什么？

您贵姓？

你是在日本出生的吗？

你是在哪里(国)出生的？

你是哪国人？

您从哪儿来？

你会说什么语言？

你在中国学/干什么？

3. 介绍别人

他/她叫……

他/她是……

他/她姓……

他/她在韩国出生。

他/她是韩国人。

他/她今年二十岁。

他/她会说韩语。

他/她正在学习汉语。

他/她是留学生。

4. 比较

(1) 中国人的姓名是怎么组成的呢？你所在国家人们的姓名是怎么组成的呢？

(2) 你所在国家的人们是怎么做自我介绍的呢？又是怎样介绍别人的呢？

5. 练习

(1) 你参加了一个电视节目,向大家介绍你自己。

（2）介绍和你一起参加电视节目的搭档。

（3）介绍你的一个中国朋友。

（4）介绍你的中国老师。

三、询问

1. 询问和自己年龄差不多或是年龄更小的人

    （1）问姓名

        你叫什么名字？

        你叫什么？

    （2）问年龄

        你几岁了？（多用来问孩子）

        你多大了？（多用来问同龄人）

    （3）问地点

        ……在哪儿？

2. 询问老师或是年长者

    （1）问姓名

        您贵姓？

    （2）问年龄

        您多大年纪了？

        您多大岁数了？

    （3）问地点

        请问，……在哪儿？

3. 比较

    （1）询问同龄人和年长者有什么不同呢？

    （2）你所在的国家是否也有这样的不同呢？

4. 练习

    （1）除了询问姓名、年龄和地点之外，我们还可以询问什么呢？

    （2）互相询问班级同学的信息，然后向大家报告。

四、交通工具

1. 各种交通工具

    飞机,火车,汽车,轮船,公共汽车,出租车,地铁,自行车

2．比较

(1) 选择两种交通工具,进行比较。

(2) 你所在国家的人们喜欢什么样的交通工具? 为什么?

3．练习

看下面这幅世界地图,说一说怎么样从你所在的国家到达你现在学习的城市。

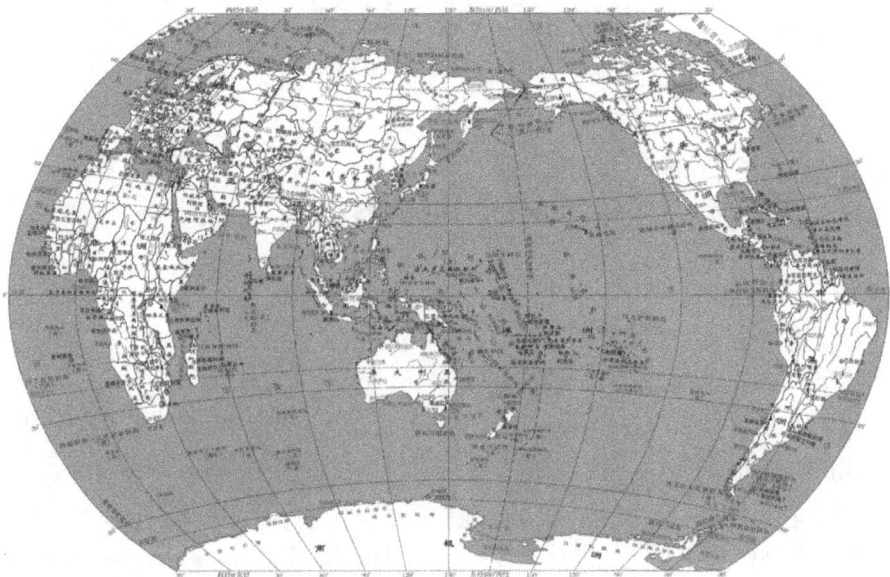

五、生活中的数字

1．电话号码

0086－25－8324－6768　　　　0852－2745－8543

13687657092　　　　　　　15743581768

110　　　120　　　119　　　114

2．房间号

11015　　　A302　　　主219

3．证件号

G5302374　　　P3214676　　　31231702046　　　341125197309155056

4．分数和小数

1/2　3/4　1/4　1.8　3.2　4.75

5．特别大的数字

32,000　450,000　9,600,000　1,265,830,000

6．练习

读一读你身边的数字,学号、护照号、手机号、房间号等。

第 五 课

Yǐnshí　yǔ　jùhuì
饮 食 与 聚 会
Food and Party

Chángyòng jùxíng
一、常 用 句 型 Common sentences

Wǒ zuì xǐhuan…
1. 我 最 喜 欢 …… (I like … best)

Wǒmen yībiān chī yībiān shǎng yuè.
2. 我 们 一 边 吃 一 边 赏 月。(We are enjoying the full moon while eating.)

Cài de wèidào hǎo, érqiě bù guì.
3. 菜 的 味 道 好，而且 不 贵。(The food tastes good and it is not expensive.)

Wǒmen xiān mǎi fàn, zài zhǎo zuòwèi.
4. 我 们 先 买 饭，再 找 座 位。(We will buy the food first and then try to find a seat.)

Wǒ yǐqián… , xiànzài…
5. 我 以前……，现 在……(I used to … but now …)

Bùdàn… , hái…
6. 不但 ……，还 ……(not only … , but also …)

Tīnglì
二、听力 Listening

(一) 生词 New words

1.	shítáng	食堂	名	dining hall
2.	chī	吃	动	to eat
3.	fàn	饭	名	food, meal

4.	cài	菜	名	dish
5.	hǎochī	好吃	形	delicious
6.	jīdàn	鸡蛋	名	egg
7.	jiù	就	副	simply, only
8.	yīdìng	一定	副、形	must, certain
9.	miàntiáo	面条	名	noodle
10.	jiǎozi	饺子	名	dumpling
11.	wǎn	晚	形	late
12.	zuòwèi	座位	名	seat
13.	wèidào	味道	名	taste
14.	fàndiàn	饭店	名	restaurant
15.	lái	来	动	to come
16.	zǎofàn	早饭	名	breakfast
17.	xiān	先	副	first
18.	diǎn	点	动	to order dishes
19.	bāozi	包子	名	steamed stuffed bun
20.	cháng	尝	动	to taste
21.	bān	班	名、量	class
22.	hé	和	连、介	with
23.	shuǐguǒ	水果	名	fruit
24.	yībiān	一边	副	while
25.	chàng	唱	动	to sing
26.	gē	歌	名	song
27.	tiàowǔ	跳舞	动	to dance
28.	xiǎo	小	形	small

(二) 练习　Exercises

1. 听第一段录音,判断下列句子的正误。Listen to the first recording and decide if the following statements are true or false.

(1) 西山食堂的菜很好吃。(　　　)

(2) 爱琳和美珍都喜欢吃西红柿炒鸡蛋。(　　　)

(3) 麻婆豆腐酸酸甜甜的,很好吃。(　　　)

(4) 食堂的面条不好吃。(　　　)

(5) 食堂有好吃的饺子,还有蛋炒饭。(　　　)

(6) 去食堂吃饭的人很多。(　　　)

2. 听第二段录音,选择正确答案。Listen to the second recording and choose the correct answer to the following questions.

(1) 安德烈和福兰克出去吃(　　　)。

　　A. 早饭　　　　　B. 中饭　　　　　C. 晚饭

(2) 他们没有点(　　　)。

　　A. 包子　　　　　B. 面条　　　　　C. 米饭

(3) 虾饺的味道怎么样? (　　　)

　　A. 好吃　　　　　B. 不好吃　　　　　C. 不知道

3. 听第三段录音,回答下列问题。Listen to the third recording and answer the following questions.

(1) 马上到中国的什么节日了?

_____

(2) 田丽丽想请泰英和她的同学干什么?

_____

(3) 他们什么时间一起聚聚?

_____

(4) 田丽丽准备了什么?

_____

（5）他们准备一边吃月饼一边干什么？

_____

（6）韩泰英要准备什么呢？

_____

（7）田丽丽什么时候再给泰英打电话？

_____

（三）注释 Notes

1. 西红柿炒鸡蛋

"西红柿炒鸡蛋"，又称番茄炒蛋，是一道普通的家庭菜肴，口味酸甜，爽口开胃，且简单易做。

"Xīhóngshì chǎo jīdàn" is a common home cooking dish of stir-fried eggs with potatoes. It tastes sour and sweet, appetizing which is easy to make.

2. 麻婆豆腐

"麻婆豆腐"是川菜名菜之一，味道鲜香麻辣。

"Mápó dòufu" is one of the famous dishes of Sichuan cuisine, which tastes hot and spicy.

3. 糖醋里脊

"糖醋里脊"，是汉族经典名菜之一，味道酸甜，令人食欲大开。

"Tángcù lǐjǐ" is one of the traditional dishes of pork which tastes sour and sweet and gives appetite.

4. 你一定喜欢。

"一定"表示确定，是对已经发生的或即将发生的事情的肯定的推测。

"Yídìng" indicates certainty, which is used to speculate what has happened or what is going to happen.

➤ 已经上课了，他还没来，一定是起晚了。

5. 去晚了就没有座位了。

"就"，副词，表示在某种条件下自然怎么样。句中表示，要是我们去晚了，美食城就没有座位了。

"Jiù", adverb, indicates what happens naturally under certain conditions. In the sentence, it means that if we go there late, there will be no seats any more.

6. 中秋节

"中秋节"是中国传统节日，在农历八月十五日，这一天有赏月、吃月饼的风俗。

"Zhōngqiūjié", which occurs on August 15th in Chinese lunar calendar, is our traditional festival, with the custom of enjoying the full moon and eating moon cakes.

7. 我们可以一边吃一边赏月。

"一边……一边……"表示两个动作同时进行。

"Yìbiān…yìbiān…" indicates that two actions are happening simultaneously.

➤ 他一边走路，一边听歌。

三、口语 Speaking

（一）生词 New words

1. érqiě	而且	连	not only…but also…
2. nàr	那儿	代	there
3. yòng	用	动	to use
4. nán	难	形	difficult
5. jīngcháng	经常	形	often
6. yǐqián	以前	名	before
7. liànxí	练习	动、名	（to）exercise, （to）practice
8. ràng	让	动	to let, to allow
9. wàng	忘	动	to forget
10. dédào	得到	动	to get, to obtain
11. le	了	助动	symbol of complete action or change
12. bùdàn	不但	连	not only
13. shǔ	数	动	to count
14. shù	数	名	number
15. bùguò	不过	连	but, just
16. jiā	家	名	home, family
17. gàosu	告诉	动	to tell
18. yúkuài	愉快	形	happy, pleasant
19. yè	夜	名	night

(二) 课文 Text

1

爱　琳：哇！西山食堂的人真多啊！

美　珍：大家都喜欢在这儿吃饭。

爱　琳：菜的味道好，而且不贵。

美　珍：又好吃又便宜。

爱　琳：我们先买饭，再找座位。

（两人买好饭菜）

美　珍：那儿有两个空位，我们坐那儿。

爱　琳：我去拿筷子，你等我一下。

美　珍：用筷子真是太难了，我经常夹不住菜。

爱　琳：我以前也是，现在好多了，多练习就习惯了。

美　珍：恩，我以前不喜欢中国菜，现在觉得中国菜太好吃了。

2

（中秋聚会后）

桥　本：今天的中秋聚会真让人难忘！

福　田：是啊，大家聚在一起多开心啊！

桥　本：你看，我还得到礼物了。

福　田：那是你参与游戏的奖品吧？

桥　本：是的。数数字游戏真是太难了，大家都出错了。

福　田：是啊，不但要数数字，还不能说三和三的倍数，真是太难了。

桥　本：不过这样的游戏很有意思，大家都很高兴啊！

福　田：你的歌唱得真好，让我想起了远方的妈妈。

桥　本：这个团圆的节日我们也想家了，我来给妈妈打个电话。

福　田：好，告诉你妈妈我们今天还吃了美味的月饼，度过了一个愉快的夜晚。

（三）注释　Notes

"Érqiě" indicates further on, which is usually used with "bùdàn" "bùjǐn". "Bùdàn … érqiě …" "bùjǐn…érqiě…" may express climactic compound sentences.

1. 菜的味道好,而且不贵。

"而且"表示更进一步,前面往往有"不但""不仅"与它呼应。"不但……而且……""不仅……而且……"可以构成递进复句。

➤ 食堂的饭菜不仅便宜,而且好吃。

2. 我们先买饭,再找座位。

"Xiān…zài…"indicates the sequence of time or order. "Xiān…zài/ránhòu…" may compose complex sentences.

"先……,再……"用来表示时间或次序先后顺序的描述词。"先……,再/然后……"可以构成承接复句。

➤ 他先去超市买日用品,再去食堂吃饭。

3. 我以前也是,现在好多了。

"Yǐqián" and "xiànzài" are used to describe what happened in the past and what is happening at present to form contrast.

"以前"和"现在"分别描述过去和目前发生的事情或状态,形成对比。

（四）练习　Exercises

1. 根据第一篇课文,回答以下问题。Answer the following questions according to the first text.

（1）大家为什么都喜欢在西山食堂吃饭呢?

_____

（2）爱琳和美珍在食堂先干什么?

_____

（3）她们找到座位了吗?

_____

（4）她们都用筷子吃饭吗?

_____

（5）美珍筷子用得好吗? 爱琳呢?

_____

（6）美珍喜欢吃中国菜吗?

_____

2. 根据第二篇课文,把下面的句子填充完整。Fill in the blanks according to the second text.

今天的_____聚会让人_____。桥本参与游戏,_____了礼物。他们觉得数_____游戏很难,_____要数数字,_____不能说三和三的倍数。这样的游戏很有_____,大家都很_____。桥本_____了歌,唱得很好。他们要打个电话_____妈妈,_____妈妈他们度过了一个_____的夜晚。

四、听 说 实 践 Practice of listening and speaking

（一）课堂习题 In-class practice

1. 声调练习。Tones.

（1）四个声调练习。 The four tones.

dōu	—	dǒu	dòu		duō	duó	duǒ	duò
tou	lóu	—	tòu		tuō	tuó	tuǒ	tuò
lōu	lóu	lǒu	lòu		luō	luó	luǒ	luò
pōu	póu	pǒu	—		—	nuó	—	nuò

（2）"一"变调。 The tone change of "yī".

yībēi	yīgēn	yījiān	yīkē	yītiān	yīxiē
yīnián	yītiáo	yītuán	yīqí	yīyóu	yīzhí
yībǎ	yīduǒ	yīwǎn	yīqǐ	yīshǒu	yīkǒu
yībiàn	yīwàn	yīyè	yīgòng	yīdàn	yīqiè

2. 用本课生词填空。Fill in the blanks with new words in this unit.

> 唱歌 以前 面条 告诉 不但 一定 座位 现在
> 而且 好吃 跳舞

（1）食堂的饭菜很_____。

（2）金山公园很美,你_____会喜欢的。

（3）中午食堂的人很多，去晚了就没有＿＿＿＿＿＿＿了。

（4）早饭我喜欢吃＿＿＿＿＿＿＿＿。

（5）聚会的时候，有同学＿＿＿＿＿＿＿＿，有同学＿＿＿＿＿＿＿＿。

（6）我＿＿＿＿＿＿不喜欢运动，＿＿＿＿＿＿每天都锻炼半小时。

（7）超市里＿＿＿＿＿东西多，＿＿＿＿＿＿＿便宜。

（8）福兰克＿＿＿＿＿＿＿＿我，下午有篮球比赛。

3. 用"一边……一边……"将下列词或短语连成句子。Write the following words or phrases into sentences with "yībiān…yībiān…".

（1）桥本，骑自行车，听歌

_____

（2）美珍，唱歌，跳舞

_____

（3）福兰克，走路，打电话

_____

（4）爱琳，看，说

_____

（5）安德烈，吃东西，看比赛

_____

4. 用"不但……而且……"将下列词或短语连成句子。Write the following words or phrases into sentences with "bùdàn…érqiě…".

（1）坐地铁，便宜，很快

_____

（2）骑自行车，方便，锻炼

_____

（3）中国菜,好看,好吃

_____

（4）美珍,歌唱得好,舞跳得好

_____

（5）运动鞋,便宜,舒服

_____

（6）这件衣服,贵,难看

_____

5. 用"先……,再/然后……"改写句子。Make sentences with "xiān···zài/ ránhòu···".

（1）我们坐高铁到南京。我们坐地铁到夫子庙。

_____

（2）我们去超市买日用品。我们去商店买衣服。

_____

（3）我们从学校前门坐19路车。我们在中山桥换2路车。

_____

（4）下午我们上课。下了课我们去看篮球比赛。

_____

（5）我去办公室找林老师。我和林老师一起去教室。

_____

（6）晚上他们在教室学习。他们去英语角。

_____

6. 完成下列对话。Finish the following dialogue.

贝　迪：你今天去食堂_____吗?

美　珍：不去。我们到食堂旁边的_____吧?

贝　迪：好啊。_____那个饭店的人很多，我们早点儿去。

美　珍：好。你想吃_____?

贝　迪：饺子。我_____饺子。

美　珍：我也是。我_____不喜欢，_____觉得饺子真好吃。

（二）课后习题　After-class practice

1. 根据情景选用词语会话。Talk with your classmates with words given below according to different situation.

（1）和班里的同学交流你最喜欢吃的中国饭菜。

Talk with your classmates about your favorite Chinese food.

> 最喜欢　面条　饺子　包子　好看　好吃　酸　甜　辣

（2）和班里的同学交流你今天在学校做的事。

Talk about what you have done at school today.

> 一边……一边……　不但……而且……　先……再/然后……
>
> 上课　下课　问问题　去食堂吃饭　运动　休息

2. 说一说。Free talk.

说一说你和朋友在饭店吃饭的情景。

Talk about the situation when you are having dinner with friends in restaurant.

Kuòzhǎn xùnliàn
五、扩展 训练　Expansion drill

（一）生词　New words

1. Yìndù	印度	专名	India
2. Yàzhōu	亚洲	专名	Asia
3. Nányà	南亚	专名	South Asia
4. rèdài	热带	名	tropical area
5. yǔ	雨	名	rain

6.	yǔjì	雨季	名	rainy season
7.	liáng	凉	形	cool
8.	zhèng	正	形	exact, just
9.	fēicháng	非常	副	very, very much
10.	zhòng	重	形、动	heavy, to attach importance to
11.	nán	男	名	male
12.	qīng	轻	形、动	light, to belittle
13.	nǚ	女	名	female
14.	zhìdù	制度	名	system
15.	yánzhòng	严重	形	serious
16.	bāo	包	动	to wrap
17.	shíwù	食物	名	food, diet

（二）边听边看　Listen and read

Yìndù, quánchēng Yìndùgònghéguó, wèiyú Yàzhōu
印度，全称　印度共和国，位于　亚洲
nán bù, shì Nányà zuì dà de guójiā. Yìndù wěidù
南部，是　南亚　最　大　的　国家。印度　纬度
jiào dī, dà bùfen wèiyú rèdài hé yàrèdài, quánjìng yánrè,
较低，大　部分　位于　热带　和　亚热带，全　境　炎热，
yī nián zhī nèi yǒu yǔjì, hànjì hé liángjì. Yìndù jīngjì
一　年　之　内　有　雨季、旱季　和　凉季。印度　经济
fāzhǎn xùnsù, shì jīnzhuān guójiā zhī yī, shì zhèngzài
发展　迅速，是　金砖　国家　之一，是　正在
fāzhǎn juéqǐ de fāzhǎnzhōng guójiā.
发展　崛起　的　发展　中　国家。

India, officially the Republic of India, locating in the southern part of Asia, is the largest country in South Asia. In the lower latitude, India locates mostly in tropical and subtropical area, which has hot weather throughout the whole country. A year is divided into rainy season, dry season and cool season. India is one of the BRIC countries with rapid economic development and has become one of the important rising developing countries.

（三）边看边读　*Read Aloud*

India is the second-most populous country in the world. Serious problems such as preference boys to girls and hierarchy problem are still existing. In India, people with different religious beliefs, different races, different classes and different areas have different dressing styles. In some areas and religions, male has the custom of turban while female wears the traditional clothes of sari. In daily diet, Indians prefer hot food with curry.

Yìndù rénkǒu zhòngduō, shì shìjiè dì-èr dà rénkǒu

印度 人口 众多，是 世界 第二大 人口

dàguó, dàn fēicháng zhòng nán qīng nǚ, érqiě zhǒngzú

大国，但 非常 重 男 轻 女，而且 种族

děngjí zhìdù wèntí yě jiàowéi yánzhòng。 Zài Yìndù, bù

等级 制度 问题 也 较为 严 重 。 在 印度，不

tóng de zōngjiào xìnyǎng, zhǒngzú, jiējí hé qūyù de

同 的 宗教 信仰、 种族、阶级 和 区域 的

rén yǒu bùtóng de fúshì hé zhuāngbàn, yǒuxiē dìqū hé

人 有 不同 的 服饰 和 装 扮，有些 地区 和

xìnyǎng de nánxìng yǒu bāo tóujīn de xísú nǚxìng de

信仰 的 男性 有 包 头巾 的 习俗，女性 的

chuántǒng fúshì shì shālì Zài yǐnshí shàng Yìndùrén

传 统 服饰 是 纱丽。 在 饮食 上 ，印度人

xǐhuan chī dàiyǒu làwèi de bàn yǒu gālí de shíwù.

喜欢 吃 带有 辣味 的、伴 有 咖喱 的 食物。

第六课

Jìhuà   yǔ   lǚyóu
计划 与 旅游
Planning and Travelling

Chángyòng jùxíng
一、常 用 句 型 Common sentences

Nǐ dǎsuàn zuò shénme?
1. 你打算 做 什么？（What are you going to do？）

Wǒ dǎsuàn qù lǚxíng.
2. 我 打 算 去 旅行。（I am going to travel.）

Sūzhōu yuánlín jì yǒu zìrán měi, yòu yǒu rénwén měi.
3. 苏州 园林 既有 自然 美，又 有 人 文 美。（Suzhou gardens have both natural beauty and humanistic beauty.）

Shì zìjǐ qù háishì gēn lǚxíngtuán qù ne?
4. 是 自己 去 还是 跟 旅行 团 去 呢？（Are you going to travel by yourself or in groups?）

Tīngshuō nǐ yào qù Shànghǎi?
5. 听 说 你 要 去 上 海？（It is said that you are going to Shanghai?）

Chúle rén tài duō, qítā dōu hěnhǎo.
6. 除了 人 太 多，其他 都 很 好。（Everything goes well except that it is always crowded.）

Tīnglì
二、听力 Listening

（一）生词 New words

1. dǎsuàn	打算	动	to plan, to intend
2. zuò	做	动	to do, to make
3. tiānqì	天气	名	weather

4. lěng	冷	形	cold
5. lǚxíng	旅行	动	to travel
6. zìrán	自然	名、形	nature, natural
7. fēngjǐng	风景	名	scenery, landscape
8. cānguān	参观	动	to visit
9. tóngxué	同学	名	classmate
10. liǎng	两	数	two
11. dìfang	地方	名	place
12. jì	既	连	as well as, since
13. měi	美	形	beautiful
14. tǎolùn	讨论	动	to discuss
15. hòutiān	后天	名	the day after tomorrow
16. yígòng	一共	副	altogether, in all
17. ná	拿	动	to take
18. zìjǐ	自己	代	oneself
19. lǎo	老	形	old, aged
20. huǒchē	火车	名	train
21. zhǐyào	只要	连	so long as

（二）练习 Exercises

1. 听第一段录音，选择正确答案。Listen to the first recording and choose the correct answer to the following questions.

（1）国庆长假的天气怎么样?（   ）

　　A. 有点冷　　　B. 有点热　　　C. 不冷不热

（2）福兰克打算干什么?（   ）

　　A. 去旅行　　　B. 去上海　　　C. 在学校休息

(3) 福兰克想去哪儿?(　　)

　　A. 去南京　　　B. 去上海　　　C. 没想好

(4) 福兰克打算去几天?(　　)

　　A. 两三天　　　B. 两天　　　　C. 三天

(5) 王刚觉得去哪儿好?(　　)

　　A. 去苏州　　　B. 去南京　　　C. 去上海

2. 听第二段录音,判断下列句子的正误。Listen to the second recording and decide if the following statements are true or false.

(1) 安德烈要买去苏州的火车票。(　　)

(2) 明天去苏州的票还有很多。(　　)

(3) 安德烈买了后天下午去苏州的票。(　　)

(4) 安德烈买了从苏州回来的车票。(　　)

(5) 安德烈买了五号早上回来的票。(　　)

(6) 安德烈一共买了四张票。(　　)

(7) 去苏州每张票是100元。(　　)

3. 听第三段录音,回答下列问题。Listen to the third recording and answer the following questions.

(1) 安德烈打算假期去苏州干什么?

_____

(2) 他们是自己去还是跟旅行团呢?

_____

(3) 福田和桥本打算去哪儿?去干什么?

_____

(4) 福田和桥本准备怎么去?要多长时间?

_____

(5) 车票好买吗?

_____

（6）他们在哪儿买的车票？

（三）注释　Notes

"Liǎ", number, means two, which is usually used in colloquial Chinese. No quantifier is used after "liǎ".

"Liǎng sān", not an exact number, means several.

"Jì…yòu…" is used to connect coordinate sentences to indicate that two features or conditions coexist.

"Yīxià", quantifier, is often used after verbs to indicate having a try or doing something once.

"Tīngshuō" refers to being told by others, which indicates the uncertainty of the information.

"Shì…háishì…" is used to express the content of choice. Sometimes, the first "shì" may be omitted.

1. 就你们俩一起去吗？

"俩"，数量词，用于口语，表示两个，在"俩"后面不接"个"或其他量词。

➤ 咱俩，我们俩

2. 两三天吧。

"两三"，几个，表示少量。

➤ 两三人，两三个

3. 苏州的园林既有自然美，又有人文美。

"既……又……"，连接并列复句，表示两种情况兼而有之。

➤ 既好看，又好吃。

4. 我和安德烈讨论一下。

"一下"，数量词，一般用在动词后面，表示试着做，也可以表示做一次。

➤ 看一下，笑一下

5. 听说你假期打算去苏州旅行啊？

"听说"，指听别人所说，消息不完全准确。

6. 是自己去还是跟旅行团呢？

"是……还是……"，连接选择复句，表示选择，放在可选择项目的前面；有时第一个选择项前的"是"可以省略。

➤ 你是上午去还是下午去？
　　你上午去还是下午去？

三、口语 Speaking

（一）生词 New words

1. de	得	助动	(auxiliary verb) indicating complement
2. chúle	除了	介	except
3. qítā	其他	代	other, else
4. chūqù	出去	动	to go out
5. měi	每	代	every, each
6. yǒumíng	有名	形	famous, well-known
7. lìshǐ	历史	名	history
8. zhōng	钟	名	bell, clock
9. shēng	声	名、量	sound, voice
10. xiē	些	量	some, a little, a few
11. táng	糖	名	sugar, sweet
12. nǔlì	努力	形	hard
13. yīnggāi	应该	助动	should, must
14. jìnbù	进步	形、动	advanced, to improve
15. dòngwù	动物	名	animal
16. tèbié	特别	形	special, particular
17. háizi	孩子	名	child, kid
18. bàba	爸爸	名	dad, father
19. dài	带	动	to take, to bring
20. cháng	长	形	long

（二）课文　Text

1

田丽丽：福兰克,在苏州玩得好吗?

福兰克：除了人太多,其他都很好。

田丽丽：是啊,国庆有七天假期,大家都出去旅游了,肯定人多。

福兰克：每个景点都是人山人海,但是苏州园林真的很美啊!

田丽丽：是的,拙政园和狮子林都是有名的园林,历史悠久,景色优美。

福兰克：还有虎丘和寒山寺,我们还听到了寒山寺的钟声。

田丽丽：这些都是苏州有名的景点。你们吃了苏州的小吃吗?

福兰克：吃了很多。我们去了观前街,吃了豆腐干、生煎包,还有松糕。

田丽丽：大饱口福了。

福兰克：我们还给你买了松子糖呢。

田丽丽：真是太感谢了。

2

王　刚：福田,你们在上海玩得好吗?

福　田：很好,我们几个日本同学聚了一下。

王　刚：大家在中国都习惯了吗?

福　田：已经习惯了。大家学习都很努力呢。

王　刚：来中国一个多月了,应该都有进步了吧?

福　田：是,我们在一起时,也尽量说中文,大家互相鼓励。

王　刚：你们在上海出去玩了吗?

福　田：去了野生动物园。去那儿参观的人很多。

王　刚：大家都喜欢动物。

福　田：去参观的很多是孩子,也有爸爸妈妈带孩子一起去的。

王　刚：是啊,大家都在享受这个难得的长假。

（三）注释 Notes

1. 在苏州玩得好吗？

"得"，助动词，一般用在动词或形容词的后面，连接表示结果或程度的补语，如"写得好"；其否定式是在补语前加否定词"不"，如上例的否定式为"写得不好"。

> "De", auxiliary verb, used after verb or adjective, indicates the complement of result or degree. The negative form is to put "bù" before the complement.

2. 除了人太多，其他都很好。

"除了"，介词，表示所说的不包括在内，进行排除或是加合，通常用作"除了……以外"。

> "Chúle", preposition, indicates that the following content is not included in the main sentence. The complete and formal form is "chúle…yǐwài".

➤ 除了福兰克（以外），没有人问问题。

除了中国学生（以外），还有留学生也参加了中秋聚会。

3. 每个景点都人山人海。

"人山人海"，汉语成语，表示人非常多。

> "Rénshān rénhǎi", Chinese idiom, means huge crowds of people.

4. 我们几个日本同学聚了一下。

"几"除了作为疑问词询问数目之外，还可以用来表示大于一小于十的不定的数目。

> "Jǐ", apart from being used as the interrogative to ask for the number, is also used to indicate an uncertain number between one and ten.

➤ 几本书，几个人，十几岁

（四）练习 Exercises

1. 根据第一篇课文，回答以下问题。Answer the following questions according to the first text.

（1）福兰克在苏州玩得好吗？

_____

（2）去景点游玩的人多吗？

_____

（3）苏州园林怎么样？

_____

（4）福兰克他们去了哪些地方？

_____

（5）他们吃了苏州的小吃吗？

_____

（6）他们给田丽丽买了什么好吃的？

_____

2. 根据第二篇课文,把下面的句子填充完整。Fill in the blanks according to the second text.

福田和桥本在上海和_____同学聚了一下。他们在中国_____习惯了。大家都在_____学习汉语,都有_____。他们在一起聚会时都说_____。他们在上海去动物园了,去那儿_____的人很多。大家都喜欢_____。很多爸爸妈妈带_____一起去动物园。

Tīngshuō shíjiàn

四、听 说 实 践 Practice of listening and speaking

（一）课堂习题 In-class practice

1. 声调练习。Tones.

（1）四个声调练习。The four tones.

gū	—	gǔ	gù		kū	—	kǔ	kù
hū	hú	hǔ	hù		gē	gé	gě	gè
kē	ké	kě	kè		hē	hé	—	hè
gān	—	gǎn	gàn		kān	—	kǎn	kàn
hān	hán	hǎn	hàn		guā	—	guǎ	guà
kuā	—	kuǎ	kuà		huā	huá	—	huà

（2）上声练习。Change of the third tone.

shǒubiǎo	zhǐhǎo	lěngshuǐ	yǒuhǎo	wǔbǎi	chǎnpǐn
guǎngchǎng	wǔdǎo	dǎsǎo	gǔlǎo	kǒuyǔ	kěyǐ
zhǐyǒu	hěnhǎo	zhǎnlǎn	dǎrǎo	suǒyǐ	fǎyǔ
kěkǒu	jiǎshǐ	mǎyǐ	xǐzǎo	yǎnjiǎng	lǎobǎn

2. 用本课生词填空。Fill in the blanks with new words in this unit.

既……又…… 打算 有名 参观 除了 努力 旅行 天气

（1）明天休息。你_____干什么？

（2）今天_____真好，不冷也不热。

（3）现在大家都喜欢出去_____。

（4）我和朋友一起_____动物园。

（5）食堂的饭菜_____好吃，_____便宜。

（6）_____坐火车以外，我们还可以坐汽车去南京。

（7）南京有很多_____的景点。

（8）大家学习都很_____，汉语说得都不错。

3．用"既……又……"改写句子。Rewrite the following sentences with "jì…yòu…".

（1）骑自行车很方便。骑自行车能锻炼身体。

_____

（2）新鞋子很好看。新鞋子很舒服。

_____

（3）福兰克的问题很多。福兰克的问题很难。

_____

（4）坐高铁非常快。坐高铁非常方便。

_____

（5）这个饭店的菜很贵。这个饭店的菜不好吃。

_____

（6）到动物园参观的有中国人。到动物园参观的有外国人。

_____

4. 用"是……还是……"将下列词或短语连成句子。Write the following words or phrases into sentences with "shì…háishì…".

(1) 去南京,坐火车,坐汽车

_____

(2) 中秋聚会,唱歌,跳舞

_____

(3) 休息日,去公园,去动物园

_____

(4) 早饭,吃饺子,吃面条

_____

(5) 今天,明天,去超市

_____

(6) 福兰克,安德烈,去买票

_____

5. 用"除了……以外"改写句子。Make sentences with "chúle…yǐwài".

(1) 休息日不上课。林老师每天都上课。

_____

(2) 美珍上课迟到了。其他同学都没有迟到。

_____

(3) 贝迪没有去旅行。其他人在国庆假期都去旅行了。

_____

(4) 你可以吃饺子。你可以吃面条、蛋炒饭。

_____

（5）我要买生活用品。我要买一双运动鞋。

_____

（6）我们准备了水果。我们准备了一些月饼。

_____

6. 完成下列对话。Finish the following dialogue.

韩泰英：明天休息。你_____干什么？

美　珍：我打算在学校好好_____。你呢？

韩泰英：我_____天气这么好,我们_____出去看看。

美　珍：你打算去_____?

韩泰英：不能去太远的_____。那就去扬州吧。

美　珍：好啊,扬州的园林很美。我们_____去呢？

韩泰英：坐汽车吧。我去_____。

美　珍：好。把回来的票也一起买了。

（二）课后习题　After-class practice

1. 根据情景选用词语会话。Talk with your classmates with words given be-
low according to different situation.

（1）和你的同学交流买车票的经历。

Talk about your experience of buying tickets.

> 买　车票　网上买　回来的票　返程票　几张　多少钱　找钱

（2）和你的同学交流在中国旅行的经历。

Talk with your classmates about your travelling experience in China.

> 旅行　自然风景　人文景点　自然美　人文美　有名
> 历史悠久　景色优美　小吃

2. 说一说。Free talk.

说一说你在中国旅行的感受。

Have a free talk of your feelings of travelling in China.

Kuòzhǎn xùnliàn
五、扩 展 训 练 Expansion drill

（一）生词　New words

1. Tàiguó	泰国	名	Thailand
2. zhōng	中	名、形	center, middle
3. chéngyuán	成员	名	member
4. qìhòu	气候	名	climate
5. wēndù	温度	名	temperature
6. shìjì	世纪	名	century
7. niándài	年代	名	era, age
8. rénmín	人民	名	people
9. shuǐpíng	水平	名	level, standard
10. zhújiàn	逐渐	副	gradually, step by step
11. tígāo	提高	动	to improve, to increase
12. fójiào	佛教	名	Buddhism
13. wēixiào	微笑	动	to smile
14. zhàn	占	动	to occupy, to take up
15. yǐshàng	以上	名	above, more than
16. měilì	美丽	形	beautiful

（二）边听边看　Listen and read

Tàiguó, wèiyú Dōngnán Yà zhōngnán bàndǎo zhōng
泰国，位于东南亚中南半岛中
bù, shì Dōngnán Yà guójiā liánméng（jiǎnchēng
部，是东南亚国家联盟（简称
dōngméng）chéngyuánguó hé chuàngshǐguó zhī yī. Tàiguó
东盟）成员国和创始国之一。泰国
wěidù dī, shǔ rèdài jìfēng qìhòu, quánnián wēndù jiào
纬度低，属热带季风气候，全年温度较
gāo, jiàngshuǐ duō. Tàiguó jīngjì zài shìjì niándài
高，降水多。泰国经济在20世纪90年代
tūfēiměngjìn, chíxù gāosù zēngzhǎng, rénmín shēnghuó
突飞猛进，持续高速增长，人民生活
shuǐpíng zhújiàn tígāo.
水平逐渐提高。

Thailand, locating in the middle part of Indo-China Peninsula in Southeast Asia, is one of the member states and founding states of ASEAN. In the lower latitude, Thailand locates mostly in tropical monsoon climate with high temperature and heavy rain. In the 1990s, Thailand's economy began to develop rapidly and kept on high-speed growth, thus improving the people's living standard.

（三）边看边读　Read aloud

Tàiguó zài shìjiè shàng sùyǒu "fójiào zhī guó" "dàxiàng
泰国在世界上素有"佛教之国""大象
zhī guó" "wēixiào zhī guó" de měichēng. Tàiguó shì fójiào
之国""微笑之国"的美称。泰国是佛教
zhī guó, fójiàotú zhàn quánguó rénkǒu de jiǔ chéng yǐ shàng,
之国，佛教徒占全国人口的九成以上，
fójiào sìmiào zhòngduō. Tàiguó shì Yàzhōu zhòngyào de
佛教寺庙众多。泰国是亚洲重要的
lǚyóu guójiā zhī yī, mírén de rèdài fēngqíng, dútè de
旅游国家之一，迷人的热带风情、独特的
fójiào wénhuà, tiānrán de shātān hǎidǎo, měilì de rényāo
佛教文化、天然的沙滩海岛、美丽的人妖
hé biéjù-yīgé de tàiquán, dōu lìng rén liúlián wàngfǎn.
和别具一格的泰拳，都令人流连忘返。

Thailand is reputed as "Land of Buddhism", "Land of elephant" and "Land of smile". Thailand is the land of Buddhism, because nine out of ten of the population believe in Buddhism and there are thousands of Buddhist temples. Thailand is one of the most important tourist countries in Asia. Charming tropical sceneries, particular Buddhist culture, natural sand beach and island, amazing lady-boy and peculiar Thai boxing all are fascinating to visitors.

第七课

Xiàoyuán yǔ kèchéng
校园 与 课程
Campus and Courses

Chángyòng jùxíng
一、常 用 句型 Common sentences

Nǐmen de xuéxiào zhēn dà!
1. 你们 的 学校 真 大!（What a large campus you have!）

Zuǒbiān shì shénme lóu?
2. 左边 是 什么 楼?（What building is it on the left?）

Nǐ de kè duō bù duō?
3. 你的 课 多不多?（Do you have many classes or not?）

Yǒudiǎnr duō.
4. 有点儿 多。（A bit too many.）

Yǒushí shì liù jié kè yǒushí shì sì jié kè.
5. 有时 是 六 节 课，有时 是 四 节 课。（Sometimes we have six periods of classes, sometimes four.）

Yǒu tīngshuō kè, dúxiě kè, háiyǒu Zhōngguó wénhuà kè.
6. 有 听说 课、读写 课，还有 中国 文化 课。（We have the class of Listening and Speaking, Reading and Writing, and Chinese Culture.）

Tīnglì
二、听力 Listening

（一）生词 New words

1.	zhèlǐ	这里	代	here
2.	jiàoxué	教学	名	teaching
3.	lóu	楼	名	building
4.	zuǒ	左	名	left

5.	túshūguǎn	图书馆	名	library
6.	wǎng	往	介	towards, in the direction
7.	yòu	右	名	right
8.	cāochǎng	操场	名	playground
9.	rènào	热闹	形	boisterous, busy
10.	yǒu shíhou	有时候		sometimes
11.	cānjiā	参加	动	to join, to take part in, to attend
12.	huānyíng	欢迎	动	to welcome, to greet
13.	dàochù	到处	副	everywhere
14.	huā	花	名	flower
15.	shù	树	名	tree
16.	xiāng	香	形	fragrant, scented
17.	zhù	住	动	to live
18.	shàng	上	动、名	to get on, up
19.	zhǔyào	主要	形	main, major
20.	yǔyán	语言	名	language
21.	dú	读	动	to read
22.	xiě	写	动	to write
23.	gāng	刚	副	just
24.	kùnnán	困难	形	difficult
25.	rènzhēn	认真	形	earnest, serious
26.	yuèláiyuè	越来越		more and more, increasingly
27.	zǒngshì	总是	副	always
28.	jìxù	继续	动	to continue, to go on

| 29. | huà | 画 | 名、动 | painting, picture, to draw |
| 30. | shōu | 收 | 动 | to receive, to accept |

(二) 练习 Exercises

1. 听第一段录音,选择正确答案。Listen to the first recording and choose the correct answer to the following questions.

(1) 爱琳和朋友先到了学校的什么地方? (　　)

　　A. 图书馆　　　　B. 教学区　　　　C. 生活区

(2) 爱琳最喜欢去的地方是哪里? (　　)

　　A. 图书馆　　　　B. 教学楼　　　　C. 操场

(3) 操场上很多人在干什么? (　　)

　　A. 打比赛　　　　B. 打篮球　　　　C. 运动

(4) 爱琳在下课后去操场运动吗? (　　)

　　A. 经常去　　　　B. 有时候去　　　　C. 不喜欢去

(5) 下面哪个词不是描写爱琳的校园的? (　　)

　　A. 真大　　　　B. 真美　　　　C. 真远

(6) 爱琳住在几楼? (　　)

　　A. 10楼　　　　B. 4楼　　　　C. 7楼

2. 听第二段录音,判断下列句子的正误。Listen to the second recording and decide if the following statements are true or false.

(1) 爱琳现在只有语言课。(　　)

(2) 爱琳每天都有很多课。(　　)

(3) 有时候爱琳晚上还有课。(　　)

(4) 爱琳还有中国文化课。(　　)

(5) 爱琳觉得汉语很难。(　　)

(6) 爱琳的老师总是鼓励她。(　　)

3. 听第三段录音,回答下列问题。Listen to the third recording and answer the following questions.

(1) 贝迪他们什么时候开始上选修课?

_____

（2）学校有什么选修课呢？

_____

（3）什么时候开始报名？

_____

（4）每位同学可以报几门选修课？

_____

（5）选修课要收费吗？

_____

（三）注释　Notes

1. 你看，这几栋都是教学楼。

"你看"，插说语，句中的独立成分，引起对方注意。

2. 往前走就到生活区了。

"往"表示动作的方向。

➤ 往上看，往外走

3. 你现在的课多不多？

"多不多"是将肯定与否定进行并列，用来提问，希望对方从中做出选择。

➤ 好不好？行不行？来不来？

4. 有听说课、读写课，还有中国文化课。

"有……还有……"，对同时存在或拥有的东西进行列举。

"Nǐkàn" is the independent component in the sentence used as parenthesis to attract the other's attention.

"Wǎng" indicates the direction of action.

"Duō bù duō" is the juxtaposition of both positive and negative to put the question to the other to make a choice.

"Yǒu…háiyǒu…" is to list the things that coexist simultaneously.

三、口语　Kǒuyǔ　Speaking

（一）生词　New words

1.	yìnxiàng	印象	名	impression
2.	huánjìng	环境	名	environment
3.	rènwéi	认为	动	to think, to consider
4.	quēdiǎn	缺点	名	shortcoming, weakness

5.	luàn	乱	形	disordered, in a mess
6.	diū	丢	动	to throw, to lose
7.	lājī	垃圾	名	rubbish, garbage
8.	hàipà	害怕	动	to fear, to be afraid
9.	shǎo	少	形、动	few, little, lack
10.	shǎoshù	少数	名	minority, small number
11.	fāxiàn	发现	动	to find, to discover
12.	shū	书	名	book
13.	yóujú	邮局	名	post office
14.	yínháng	银行	名	bank
15.	zhōumò	周末	名	weekend
16.	yèyú	业余	形	amateur
17.	fēngfù	丰富	形	rich, abundant
18.	xiàng	像	动、名	to resemble, likeness
19.	chéngwéi	成为	动	to become
20.	bǐ	笔	名	pen
21.	máobǐ	毛笔	名	writing brush
22.	yǒu yìsi	有意思		interesting

(二) 课文　Text

1

爱　琳：你对我们学校印象怎么样?

朋　友：学校很大,绿化很好,环境也很美。

爱　琳：我也这么认为。不过,也有一些缺点,有些人喜欢乱丢垃圾。

朋　友：是的,还有人骑自行车骑得飞快,真让人害怕。

爱　琳：幸亏那只是少数。总的来说,在这儿生活是很方便的。

朋　友：对,我发现学校里书店、理发店、邮局、银行都有。

爱　琳：是的,而且图书馆和教室里都可以上网。

朋　友：太方便了!

爱　琳：周末还有"相约星期六"和"周末小剧场"呢。

朋　友：业余生活真丰富啊!

2

美　珍：福兰克,选修课开始报名了。你打算选什么?

福兰克：我要选武术。

美　珍：为什么?

福兰克：我特别喜欢成龙和李连杰,我要学习武术,像他们一样成为功夫之王。

美　珍：真是个伟大的理想!

福兰克：你选什么?

美　珍：书法,我想学习毛笔字。

福兰克：真不错! 我也想选书法。

美　珍：那好啊! 我们一起学习书法,一定很有意思。

(三) 注释　Notes

1. 总的来说,在这儿生活是很方便的。
"总的来说",对情况进行总体概括。

"Zǒng de láishuō" is used to summarize the general condition.

2. 我要学习武术,像他们一样成为功夫之王。
"像……一样",描述与他人具有的某些共同点。

"Xiàng … yīyàng" is used to describe the common features with others.

（四）练习 Exercises

1. 根据第一篇课文,回答以下问题。Answer the following questions according to the first text.

（1）朋友对爱琳的学校印象怎么样?

_____

（2）爱琳觉得学校里有什么缺点呢?

_____

（3）在学校里生活方便吗? 为什么?

_____

（4）在学校里可以上网吗? 在哪儿可以上网?

_____

（5）学校里周末有活动吗?

_____

2. 根据第二篇课文,把下面的句子填充完整。Fill in the blanks according to the second text.

学校的选修课_____报名了。美珍和福兰克在讨论选什么课。福兰克

要选_____,因为他特别_____成龙和李连杰,想像他

们_____成为功夫之王。美珍想学习_____。福兰克

也觉得_____,他们俩都准备选书法,认为一定很_____。

四、听 说 实 践 Practice of listening and speaking

（一）课堂习题 In-class practice

1. 声调练习。Tones.

（1）四个声调练习。The four tones.

jī	jí	jǐ	jì		qī	qí	qǐ	qì
xī	xí	xǐ	xì		jū	jú	jǔ	jù

qū	qú	qǔ	qù	xū	xú	xǔ	xù
jiā	jiá	jiǎ	jià	qiā	qiá	qiǎ	qià
xiā	xiá	—	xià	juē	jué	juě	juè
quē	qué	—	què	xuē	xué	xuě	xuè

(2) 轻声练习。The neutral tones.

bāozi jiǎozi dīngzi hézi zòngzi zhuōzi

mántou gǔtou quántou shítou zhěntou shétou

dōngxi gūniang tāmen shūfu yīfu xiūxi

péngyou piányi yǎnjing kèqi dòufu piàoliang

2. 用本课生词填空。Fill in the blanks with new words in this unit.

困难 到处 丰富 图书馆 印象 住 有时候 热闹 意思

(1) 学校里的＿＿＿＿是我最喜欢去的地方。

(2) 下午,操场上有很多人运动,很＿＿＿＿!

(3) 我＿＿＿＿会和朋友一起去英语角。

(4) 假日的公园里＿＿＿＿都是人。

(5) 我＿＿＿＿在学校的宿舍。

(6) 你在中国两个月了,你对中国＿＿＿＿怎么样?

(7) 用毛笔写字很＿＿＿＿,但是很有＿＿＿＿。

(8) 周末我们打球、旅行,业余生活很＿＿＿＿。

3. 用"真"改写句子。Rewrite the following sentences into exclamatory sentences with "zhēn".

(1) 林老师很认真。

＿＿＿＿＿＿＿＿＿＿＿＿＿＿＿＿＿＿

(2) 公园很美。

＿＿＿＿＿＿＿＿＿＿＿＿＿＿＿＿＿＿

(3) 图书馆的书很多。

＿＿＿＿＿＿＿＿＿＿＿＿＿＿＿＿＿＿

（4）食堂的饭菜很好吃。

_____

（5）骑自行车很方便。

_____

（6）汉语很难。

_____

（7）天气很热。

_____

（8）坐高铁很舒服。

_____

4. 用正反问句将下列词或短语连成句子。Rewrite the following sentences in positive-negative pattern.

（1）每天下午运动的人多吗?

_____

（2）老师的办公室远吗?

_____

（3）明天晚上的聚会你来吗?

_____

（4）你觉得汉语难学吗?

_____

（5）你的歌唱得好吗?

_____

（6）教室里热吗?

_____

5. 用"左边""右边""前边""后边""旁边"描述下面这幅图。Make sentences with "zuǒbiān" "yòubiān" "qiánbiān" "hòubiān" "pángbiān" to describe the following map.

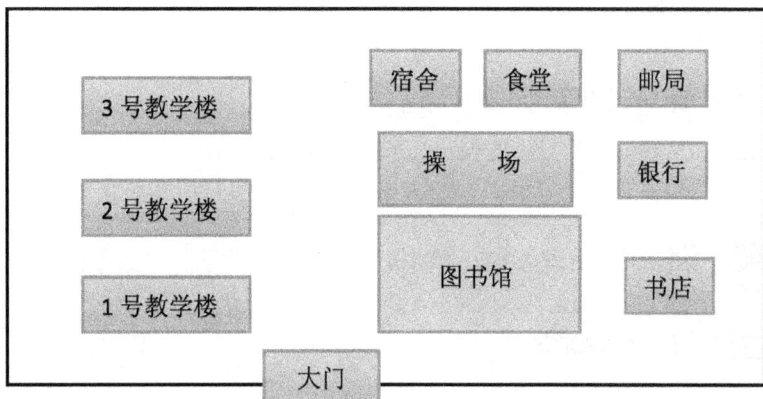

6. 完成下列对话。Finish the following dialogue.

桥　本：学校里的_____真美啊!

福　田：是啊,_____都是花草树木,能在_____学习和生活真是太好了。

福　田：但是,我_____看到有人乱_____。

桥　本：这真是一个不好的_____。

福　田：幸亏只是_____。

桥　本：嗯。_____,这儿的生活很舒服,很方便。

福　田：对,学校里就有超市、_____、邮局。

桥　本：教室和图书馆还可以上网。

(二)课后习题　After-class practice

1. 根据情景选用词语会话。Talk with your classmates with word given below according to different situation.

(1)和你的同学谈一谈你在的学校。

Talk with your classmates about your school.

> 大门　教学楼　图书馆　操场　食堂　宿舍　花草树木
> 书店　银行　邮局　左边　右边

（2）和你的同学谈一谈你参加的选修课。

Talk about the optional courses you've attended.

语言课　课表　书法　太极拳　中国画　舞蹈　武术　报名

2. 说一说。Free talk.

和你的父母说一说你的校园生活。

Talk with your parents about your campus life.

Kuòzhǎn xùnliàn

五、扩展 训练 Expansion drill

（一）生词　New words

1. Déguó	德国	名	Germany
2. Ōuzhōu	欧洲	名	Europe
3. shǒudū	首都	名	capital
4. dàlù	大陆	名	continent
5. zhèngzhì	政治	名	politics
6. wánzhěng	完整	形	complete, full
7. shèhuì	社会	名	society
8. zúqiú	足球	名	football
9. sài	赛	动	to race, to compete
10. sàichē	赛车	名	cycle/auto race
11. xiāngdāng	相当	形、副	fairly, quite
12. wénxué	文学	名	literature
13. měishù	美术	名	painting, art
14. jiànzhù	建筑	名	architecture
15. yìshù	艺术	名	art

16. jiǎng	奖	名、动	award, to get
17. huòdé	获得	动	to obtain, to get
18. àihào	爱好	动、名	hobby, interest
19. zhū	猪	名	pig
20. ròu	肉	名	meat
21. zhūròu	猪肉		pork
22. hē	喝	动	to drink
23. shēngchǎn	生产	名、动	production, to produce

（二）边听边看　Listen and read

Déguó, quán chēng Déyìzhì liánbāng gònghéguó,
德国，全 称 德意志 联邦 共和国，
wèiyú Ōuzhōu zhōngbù shǒudū wéi Bólín. Déguó dìshì
位于 欧洲 中部 ，首都 为 柏林。德国 地势
běi dī nán gāo, yǐ wēndài qìhòu wéi zhǔ. Déguó shì
北 低 南 高，以 温带 气候 为 主。德国 是
Ōuzhōu dàlù zhǔyào de jīngjì yǔ zhèngzhì shítǐ zhī yī
欧洲 大陆 主要 的 经济 与 政治 实体 之一，
shì shìjiè dì-sì jīngjì dàguó. Déguó yōngyǒu shìjiè lìshǐ
是 世界 第四 经济 大国。德国 拥有 世界 历史
zuì yōujiǔ de quánmín yīliáo bǎoxiǎn tǐxì, jùbèi
最 悠久 的 全民 医疗 保险 体系，具备
wánzhěng de shèhuì bǎozhàng zhìdù.
完 整 的 社会 保障 制度。

Germany, officially German Federal Republic, locates in the middle of Europe, with Berlin as capital. Geographically, it is low-lying in the north and high in the south with temperate climate. Germany is one of the main economic and political entities in European continent and ranks as the fourth economic power. Germany has the universal health insurance coverage of the longest history in the world and has the complete social security system.

（三）边看边读　*Read Aloud*

Germans are fond of sports, among which football and cycle racing are the most popular. Literature, art, philosophy, art and architecture in Germany have great influence on the world art, which helps to produce a number of Nobel laureates. In diet, Germans like meat, especially pork products, and they like beers, which contributes to the second largest beer producing country. Germany has numerous scenic spots and developed tourist industry.

Déguó rén fēicháng xǐhuan yùndòng, zúqiú zuì shòu
德国 人 非常 喜欢 运动，足球 最 受
huānyíng, sàichē yùndòng yě xiāngdāng fā dá. Déguó de
欢迎，赛车 运动 也 相当 发达。德国 的
wénxué, yīnyuè, zhéxué, měishù, jiànzhù děng duì shìjiè
文学、音乐、哲学、美术、建筑 等 对 世界
yìshù yǐngxiǎng zhòngdà Nuòbèi'ěr jiǎng huòdé zhě zhòng
艺术 影 响 重大，诺 贝 尔 奖 获得者 众
duō. Zài yǐnshí shàng, Déguó rén àihào ròulèi tèbié shì
多。在 饮食 上，德国 人 爱好 肉类，特别 是
zhūròu lèi shípǐn, ài hē píjiǔ, shì shìjiè dì-èr dà
猪肉 类 食品，爱 喝 啤酒，是 世界 第二 大
píjiǔ shēngchǎn guó. Déguó lǚyóu yè fādá, jǐngdiǎn
啤酒 生 产 国。德国 旅游 业 发达，景点
zhòngduō.
众 多。

第八课

Jiātíng　yǔ　yúlè
家 庭 与 娱 乐
Family and Entertainment

Chángyòng jùxíng
一、常 用 句型　Common sentences

Wǒ jiā yīgòng qī kǒu rén.
1. 我 家 一共 七 口 人。(There are seven people in my family.)

Yǒushíhou zuò yìdiǎnr.
2. 有 时候 做 一点儿。(Sometimes I do a little bit.)

Rúguǒ bàba bù bāng máng de huà, māma jiù tài xīnkǔ le.
3. 如果 爸爸 不 帮 忙 的 话，妈妈 就 太 辛苦 了。(If dad doesn't give a hand, it will be too hard for mom.)

Wǎnshàng zài sùshè kànkàn shū xiū xi xiū xi.
4. 晚 上 在 宿舍 看看 书，休息 休息。(In the evening, I will read some books and have a rest in the dormitory.)

Wǒ hé gāng rènshí de Zhōngguó xuéshēng tī zúqiú.
5. 我 和 刚 认识 的 中 国 学 生 踢 足球。(I will play football with Chinese students I have just known.)

Nǐ qiú tī de zěnmeyàng?
6. 你 球 踢 得 怎么样？(How about your football)

Tīnglì
二、听力　Listening

（一）生词　New words

1. jiātíng	家庭	名	family
2. kǒu	口	量、名	quantifier of people, mouth
3. nǎinai	奶奶	名	grandmother

4.	gēge	哥哥	名	elder brother
5.	mèimei	妹妹	名	younger sister
6.	yàoshì	要是	连	if, suppose
7.	suǒyǐ	所以	连	so, therefore
8.	jiāo	交	动	to make (friends), to hand over
9.	jiāwù	家务	名	household chores
10.	shāo	烧	动	to cook, to burn
11.	sǎo	扫	动	to sweep
12.	dǎsǎo	打扫	动	to sweep, to clean
13.	wèishēng	卫生	形、名	clean, cleaning work
14.	shàngbān	上班	动	to go to work
15.	rúguǒ	如果	连	if
16.	bāngmáng	帮忙	动	to help
17.	xīnkǔ	辛苦	形	hard
18.	xǐ	洗	动	to wash
19.	shōushi	收拾	动	to put in order
20.	jùchǎng	剧场	名	theater
21.	zhōu	周	名	week
22.	biǎoyǎn	表演	动、名	to perform, to act, performance, play
23.	nèiróng	内容	名	content
24.	tī	踢	动	to kick
25.	zúqiú	足球	名	football

(二) 练习 Exercises

1. 听第一段录音,选择正确答案。Listen to the first recording and choose the correct answer to the following questions.

(1) 泰英到中国多长时间了? (　　)

    A. 二个多月　　　　　B. 两个多月　　　　　C. 二月

(2) 泰英没有(　　)。

    A. 姐姐　　　　　　　B. 妹妹　　　　　　　C. 哥哥

(3) 节日的时候,谁不参加家庭聚会呢? (　　)

    A. 叔叔　　　　　　　B. 姑姑　　　　　　　C. 老师

(4) 丽丽家有几口人? (　　)

    A. 三口人　　　　　　B. 一口人　　　　　　C. 七口人

(5) 丽丽不和谁一起玩? (　　)

    A. 朋友　　　　　　　B. 爸爸妈妈　　　　　C. 哥哥

2. 听第二段录音,判断下列句子的正误。Listen to the second recording and decide if the following statements are true or false.

(1) 丽丽在家不做家务。(　　)

(2) 在中国,只有妈妈做家务,爸爸不做。(　　)

(3) 在韩国,爸爸打扫卫生。(　　)

(4) 丽丽的妈妈也要上班,很辛苦。(　　)

(5) 丽丽会帮忙洗菜、洗碗。(　　)

3. 听第三段录音,回答下列问题。Listen to the third recording and answer the following questions.

(1) 安德烈这个周末白天打算干什么? 晚上呢?

_____

(2) 这周"周末小剧场"表演什么?

_____

(3) 福兰克打算去看表演吗? 为什么?

_____

(4) 福兰克下午打算干什么? 晚上呢?

_____

（5）福兰克打算和谁去踢足球？

（三）注释　Notes

"Shūshu" refers to the younger brother of father and "gūgu" refers to sisters of father.

"Xiūxi xiūxi" is the repetition of the verb to show the future action, especially in colloquial Chinese, indicating the action of short time and small quantity.

"De" is put after the verb to form an attributive to modify the following noun.

1. 叔叔和姑姑家也一起参加。

"叔叔"是指爸爸的弟弟，"姑姑"是指爸爸的姐姐或妹妹。

2. 晚上就在宿舍看看书，休息休息。

"休息休息"，动词的重叠，用于表示未然行为，多用于口语中，表示短时、少量，口气缓和。

➤ 讨论讨论，学习学习

3. 和刚认识的中国学生。

在"刚认识的"中，"的"放在动词后面，形成一个定语，修饰后面的名词。

➤ 刚讨论的问题，去南京的火车

三、口语　Kǒuyǔ　Speaking

（一）生词　New words

1.	huór	活儿	名	work
2.	dāngrán	当然	形、副	certain, of course
3.	lìhai	厉害	形	competent, severe
4.	xiōngdì	兄弟	名	brother
5.	jiějie	姐姐	名	elder sister
6.	dìdi	弟弟	名	younger brother
7.	jí le	极了		extremely
8.	jīngjù	京剧	名	Beijing Opera
9.	guānyú	关于	介	about, concerning

10.	shé	蛇	介	snake
11.	gùshi	故事	名	story
12.	biàn	变	动	to change, to turn
13.	biàn chéng	变成		to turn into, to change into
14.	àiqíng	爱情	名	love, affection
15.	lèi	累	形	tired, tiring
16.	yìhuìr	一会儿	名	a little while
17.	hòulái	后来	名	later, then
18.	jìnxíng	进行	动	to conduct, to carry through
19.	shū	输	动	to lose
20.	yíng	赢	动	to win
21.	luòhòu	落后	形	backward, falling behind
22.	dì	第	头	auxiliary word for ordinal number
23.	dì-yī	第一		first, No. 1

(二) 课文　Text

1

王　刚：福兰克,你在家会干家务活吗?

福兰克：当然,每个家庭成员都要学会做家务的。

王　刚：你都会干什么?

福兰克：打扫房间、做饭、修剪草坪、修理电器,都会一点儿。

王　刚：哇,你太厉害了。你有兄弟姐妹吗?

福兰克：有啊,我有一个弟弟、一个妹妹。

王　刚：他们也做家务吗?

福兰克：是啊,每个人都要做。你在家做家务吗?

王　刚：很少,都是妈妈做。我要向你学习。

2

福兰克：今天的戏剧表演怎么样？好看吗？

安德烈：好极了，很好看。服装、布景和表演都很棒。

福兰克：是京剧吗？

安德烈：是的，京剧《白蛇传》。

福兰克：是关于蛇的故事？

安德烈：是两条蛇变成了人，蛇和人的爱情故事。

福兰克：哦，爱情故事，那一定很感人。

安德烈：你球踢得怎么样？

福兰克：累坏了。先踢了一会儿，后来进行了一场比赛。

安德烈：友谊赛。输了还是赢了？

福兰克：输了，1∶2落后。

安德烈：友谊第一，比赛第二。

（三）注释　Notes

"Jīngjù", one of the five traditional dramas in China, is regarded as the quintessence of Chinese culture. Coming into being in the middle period of Qing Dynasty (middle and later periods of 18th century). "Jīngjù" is characterized by the basic means of artistic expression of "sin- ging, reading, doing and playing". The main characters include "make roles, female roles, painted face, old roles and clown".

"Báishézhuàn" is one of the four folktales in China, which describes the love story between a young man and a while snake which can turn herself into beautiful maiden by magic.

"Dì", prefix, is used in front of the integral number to indicate the order.

1. 是京剧吗？

"京剧"，中国五大戏曲剧种之一，被视为中国国粹。产生于清代中叶（18 世纪中后期），表演的基本艺术手法为唱、念、做、打，主要角色分为生、旦、净、末、丑，是中国传统文化的重要代表。

2. 京剧《白蛇传》。

《白蛇传》是中国四大民间传说之一，描述的是一个修炼成人形的蛇精与人的曲折的爱情故事。

3. 友谊第一，比赛第二。

"第"，前缀，用在整数的数词前面，表示次序。

➤ 第一，第十

（四）练习 Exercises

1. 根据第一篇课文,回答以下问题。Answer the following questions accor-ding to the first text.

(1) 福兰克在家做家务活儿吗? 他会做什么?

_____

(2) 福兰克家里只有他一个孩子吗?

_____

(3) 王刚在家做家务活儿吗?

_____

(4) 王刚家谁做家务?

_____

2. 根据第二篇课文,把下面的句子填充完整。Fill in the blanks according to the second text.

安德烈今天晚上去看了戏剧_____。他觉得很

_____。今天的戏曲是_____《白蛇传》,是关于蛇和

人的爱情_____,很感人。福兰克今天下午去_____

足球了。他们_____踢了一会儿,后来_____了一场

比赛,但是_____了。

Tīngshuō shíjiàn

四、听 说 实 践 Practice of listening and speaking

（一）课堂习题 In-class practice

1. 声调练习。Tones.

(1) 四个声调练习。   The four tones.

zhī	zhí	zhǐ	zhì	chī	chí	chǐ	chì
shī	shí	shǐ	shì	—	rú	rǔ	rù
zhāo	zháo	zhǎo	zhào	chāo	cháo	chǎo	chào
shāo	sháo	shǎo	shào	rāng	ráng	rǎng	ràng

| zhōu | zhóu | zhǒu | zhòu | chōu | chóu | chǒu | chòu |
| shōu | shóu | shǒu | shòu | — | ruí | ruǐ | ruì |

(2) 儿化练习。The retroflex final of "ér".

xiǎoháir	yīkuàir	gàir	guāiguāir	běnshǎir	zǒushénr
huālánr	wǎnr	yīdiǎnr	wánr	bǐjiānr	yānjuǎnr
tǔduīr	wénwèir	zhèhuìr	pǎotuǐr	yīhuìr	yānzuǐr
shūběnr	bīnggùnr	liángfěnr	mùgùnr	yémenr	

2. 用本课生词填空。Fill in the blanks with new words in this unit.

> 打 交 上班 踢 打扫 厉害 家庭 辛苦 进行

(1) 很多中国_____都只有一个孩子。

(2) 美珍到中国以后,_____了很多朋友。

(3) 每天都有同学 _____教室。

(4) 妈妈每天下班回家还要做家务,很_____。

(5) 我喜欢_____篮球,福兰克喜欢_____足球。

(6) 爸爸每天早上八点去_____。

(7) 福兰克很_____,会干很多家务活儿。

(8) 在今天晚上_____的足球比赛中,中国队又输了。

3. 学习下列亲属称谓的词。Learn the following kinship terms.

> 爸爸,妈妈,哥哥,姐姐,弟弟,妹妹
>
> 爷爷,奶奶,外公(姥爷),外婆(姥姥)
>
> 孙子,孙女,外孙子,外孙女
>
> 丈夫,妻子,儿子,女儿
>
> 叔叔,阿姨,姑姑,姑父

4. 用"要是……就……"改写句子。Rewrite the following sentences with "yàoshì…jiù……".

(1) 你累了。你休息一会儿。

（2）你在办公室。我去找你。

_____

（3）你有时间。你打电话给我。

_____

（4）你觉得有困难。你找美珍帮你。

_____

（5）你想去旅行。我们先买票。

_____

（6）你认为这里的菜好吃。我经常来。

_____

5. 用"所以……"将下列两个句子连成一句话。Write the following sentences with "suǒyǐ……".

（1）学校到金山公园不远。我们骑自行车去。

_____

（2）国庆有七天假期。很多人去旅行。

_____

（3）出去旅行的人很多。火车票很难买。

_____

（4）房间的空调坏了。房间里很热。

_____

（5）福兰克想成为功夫之王。他选修了武术。

_____

（6）大家学习都很努力。大家都有进步了。

_____

6. 完成下列对话。Finish the following dialogue.

爱　琳: 美珍,这个周末你_____干什么?

美　珍: 要做的事太多了,觉得很_____啊。

爱　琳: 有什么事呢?

美　珍: 我先要_____房间。

爱　琳: 我们可以_____打扫。

美　珍: 我还要_____衣服。而且,这周_____上选修课了。

爱　琳: 是的,你选的是书法吧?

美　珍: 对,我还要_____书法。

(二) 课后习题　After-class practice

1. 根据情景选用词语会话。Talk with your classmates with words given below according to different situation.

(1) 给你的同学介绍你的家庭成员。

Talk about your family members.

> 有几口人　多　少　爸爸　妈妈　家庭　大　小

(2) 和你的同学交流一下你的周末是怎么度过的。

Tell your classmates how you spend your weekend.

> 休息　去商店　买东西　运动　操场　打篮球　踢足球　比
> 赛　学习　图书馆　看书

2. 说一说。Free talk.

说一说你经常做的家务活儿。

Have a free talk about the household work you often do.

五、扩 展 训 练 Expansion drill

（一）生词 New words

1. Yīngguó	英国	专名	the United Kingdom
2. Ài'ěrlán	爱尔兰	专名	Ireland
3. yóu	由	介	by, from
4. Yīnggélán	英格兰	专名	England
5. Sūgélán	苏格兰	专名	Scotland
6. Wēi'ěrshì	威尔士	专名	Wales
7. zǔ	组	动、名	to form, to set, group
8. shǒuxiān	首先	副	first
9. wánchéng	完成	动	to finish, to complete, to fulfill
10. chū	初	形、头	early, elementary
11. qiángdà	强大	形	strong, powerful
12. wēnhé	温和	形	mild
13. shī	湿	形	wet, moist
14. shíxíng	实行	动	to carry out, to put into practice
15. tǐyù	体育	名	sports
16. bèi	被	介	by (indicating passive voice)

(二) 边听边看　Listen and read

Great Britain, an island country in west Europe, officially the United Kingdom of Great Britain and Northern Ireland, is composed of England, Scotland, Wales and northern Ireland. Great Britain began the first industrial revolution in the 18th century and the national power developed rapidly. From the 19th century to the beginning of the 20th century, Great Britain was the strongest country in the world. After two world wars, Britain's economy and power was greatly weakened, but it still exerts great influence on the world. Great Britain locates in temperate marine climate, with mild and moist weather.

Yīngguó, quánchēng Dàbùlièdiān jí Běiài'ěrlán lián
英国， 全称 大不列颠 及 北爱尔兰 联
hé wángguó, shì yóu Yīnggélán, Sūgélán, Wēi'ěrshì jí
合 王国，是 由 英格兰、苏格兰、 威尔士 及
Běiài'ěrlán zǔchéng de Xī'ōu dǎoguó。 shìjì Yīngguó
北爱尔兰组成 的 西欧 岛国。18 世纪，英国
shǒuxiān wánchéng gōngyè gémìng guólì zhuàngdà
首先 完成 工业 革命， 国力 壮大，19
shìjì dào shìjì chū, Yīngguó shì shìjiè shàng zuì
世纪 到 20 世纪 初，英国 是 世界 上 最
qiángdà de guójiā。 Liǎng cì shìjiè dàzhàn zhīhòu, Yīng
强大 的 国家。 两次 世界 大战 之后， 英
guó de guólì shòu sǔn, dàn réng zài shìjiè fànwéi nèi
国 的 国力 受 损， 但 仍 在 世界 范围 内
yōngyǒu qiángdà de yǐngxiǎnglì。 Yīngguó shǔ wēndài
拥有 强大 的 影响力。 英国 属 温带
hǎiyángxìng qìhòu, quánnián wēnhé shīrùn。
海洋性 气候， 全年 温和 湿润。

(三) 边看边读　Read aloud

The governmental model that operates in Britain is parliamentary constitutional monarchy and Queen Elizabeth II is the head of state. The British loves sports such as rugby, soccer and cricket, and England Premier League is believed to be the best football league in the world. Great Britain has a long history and the numerous castles, gardens and scenic spots, and historic sites help to develop the tourist industry. Fish and chips are popular because they are both cheap and convenient.

Yīngguó shíxíng yìhuìzhì jūnzhǔ lìxiànzhì, Yīlìshābái
英国 实行 议会制 君主 立宪制，伊利莎白
èrshì shì Yīngguó de guójiā yuánshǒu。 Yīngguó rén xǐ'ài
二世 是 英国 的 国家 元首。英国 人 喜爱
de tǐyù yùndòng yǒu gǎnlǎnqiú, zúqiú hé bǎnqiú, Yīnggé
的 体育 运动 有 橄榄球、足球 和 板球， 英格
lán chāojí liánsài bèi rènwéi shì shìjiè shàng zuì hǎo de
兰 超级 联赛 被 认为 是 世界 上 最 好 的
zúqiú liánsài。 Yīngguó lìshǐ yōujiǔ， yǒu zhòngduō de
足球 联赛。英国 历史 悠久， 有 众多 的
chéngbǎo, yuánlín hé míngshèng gǔjì， lǚyóuyè fādá。 Yīng
城堡、 园林 和 名胜 古迹，旅游业 发达。英
guó tèyǒu de zháyú jí zháshǔtiáo， jì piányí yòu
国 特有 的 炸鱼 及 炸薯条 ， 既 便宜 又
fāngbiàn, shēnshòu huānyíng。
方便， 深受 欢迎。

Dānyuán   fùxí   èr
单元　复习（二）
Review

一、饮食

1. 中国菜

    凉菜　热菜　点心　主食　汤

    西红柿炒鸡蛋　麻婆豆腐　糖醋里脊　北京烤鸭

    包子　饺子　馒头　汤圆

    米饭　面条　炒饭　炒面

    酸　甜　苦　辣　咸

2. 比较

    （1）比较中国饮食和你所在国家的饮食的相同和不同之处。

    （2）比较来自不同国家同学的饮食习惯。

3. 练习

    （1）说一说你最喜欢的和最难接受的中国食品。为什么？

    （2）说一说你使用筷子的有趣经历。

二、旅游

1. 制订计划

    我打算去(哪儿)。

    我想(怎么去)。

    我要(和谁)一起去。

    我准备(什么时间)去。

2. 旅游

    自由行　团队游　驴友　自驾游

    国内游　出国游

    乡村游　海边游

    人文景点　自然风光　历史名胜

3. 比较

    比较中国人和你所在国家的人们对旅游的态度。

4. 练习

    （1）制订一个为期 5 天的旅行计划。

（2）说一说你知道的中国有名的景点。

三、校园

1. 校园

   教学楼　图书馆　操场　体育馆　游泳池　学生宿舍

   教学区　生活区　运动区

   食堂　书店　超市　邮局　银行

2. 比较

   （1）比较中国的教室和你所在国家的教室有什么不同。

   （2）拿出笔来画一画你所在的学校，和你的同学比比看，大家画得一
   样吗？

3. 练习

   （1）说一说你的同学所画的校园。

   （2）说一说你到中国之前所在的校园。

四、家庭成员

1. 家庭成员

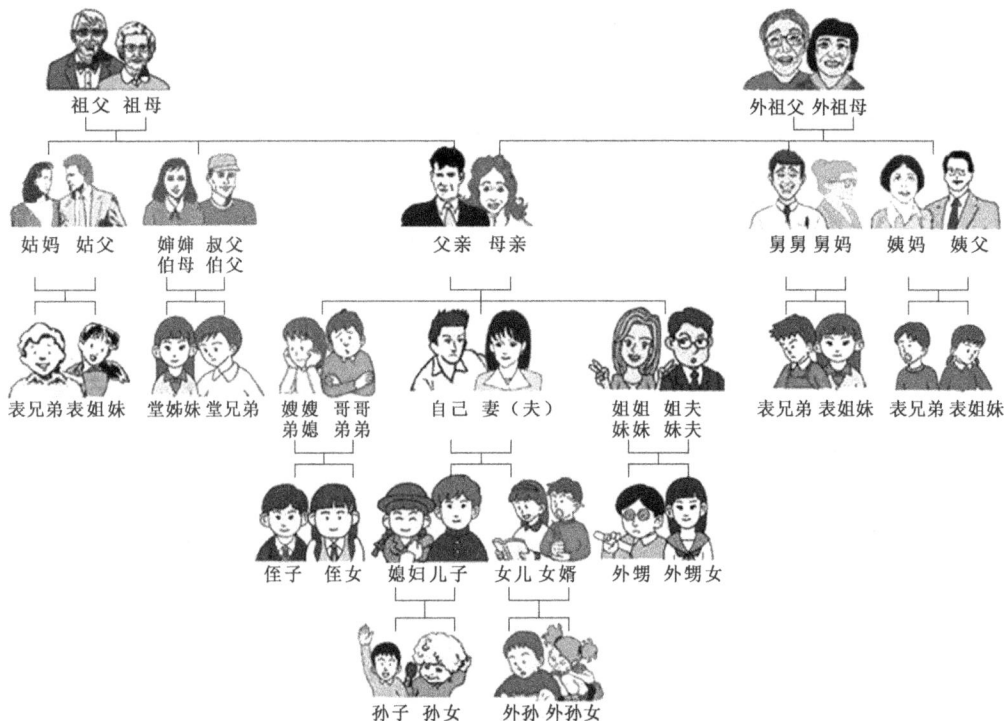

2. 比较

   (1) 比较中国和你所在国家的家庭称谓。

   (2) 比较中国和你所在国家的家庭成员的关系。

3. 练习

   (1) 用中国的称谓介绍你的家庭成员和亲戚。

   (2) 请一位同学描述亲属关系,其他同学说出相应的亲属称谓。

第 九 课

Shēnghuó yǔ   fúwù
生 活 与 服 务
Life and Service

Chángyòng jùxíng
一、常 用 句 型 Common sentences

Qǐng bǎ zhè zhāng biǎogé tián yī xià.
1. 请 把 这 张 表格 填 一 下。(Please fill in this form.)

Wǒ yào yóujì bāoguǒ.
2. 我 要 邮寄 包裹。(I want to send this parcel.)

Cóng zhèlǐ dào Shànghǎi yào jǐ tiān?
3. 从 这 里 到 上 海 要 几 天?(How many days will it take from here to Shanghai?)

Wǒ de shǒujī tíngjī le, kěnéng shì méi qián le.
4. 我 的 手机 停机 了, 可 能 是 没 钱 了。(My mobile phone stopped working. Perhaps it is out of credit.)

Wǒ yě xiǎng bàn yī zhāng, zhèyàng chūmén jiù bùyào dài xiànjīn le.
5. 我 也 想 办 一 张, 这 样 出 门 就 不 要 带 现金 了。
(I want to order a bank card too. In this way, I will not take cash with me.)

Tài dà le, yǒu xiǎo yīdiǎnr de ma?
6. 太 大 了, 有 小 一点儿 的 吗?(It is too large. Please give me a smaller one.)

Tīnglì
二、听力 Listening

(一)生词 New words

1. xūyào	需要	动、名	to need, to require, need
2. bàn	办	动	to order, to handle
3. yèwù	业务	名	business

4.	kǎ	卡	名	card
5.	bǎ	把	量、介	a handful of
6.	zhāng	张	量	piece
7.	biǎo	表	名	form, chart
8.	tián	填	动	to fill in
9.	wàiguó	外国	名	foreign country
10.	hùzhào	护照	名	passport
11.	qiān	签	动	to sign
12.	cún	存	动	to deposit, to save
13.	màn	慢	形	slow
14.	jì	寄	动	to mail, to post, to send
15.	bāoguǒ	包裹	名	parcel
16.	pǔtōng	普通	形	common, ordinary
17.	dì	递	动	to give, to hand over
18.	kuàidì	快递	名	express delivery
19.	cóng…dào…	从……到……		from…to…
20.	jí	急	形	fast, anxious
21.	bié	别	副	not, never
22.	liú	留	动	to leave, to remain
23.	hàomǎ	号码	名	number
24.	chēng	称	动	to weigh
25.	zhòngliàng	重量	名	weight
26.	shǒujī	手机	名	mobile phone, cell phone
27.	tíng	停	动	to stop, to halt, to pause

28. chá	查	动	to check, to examine, to investigate
29. huà	话	名	word, talk
30. fèi	费	名、动	fee, to cost
31. chōng	充	动	to top up, to fill
32. píngshí	平时	名	ordinary time
33. jiā	加	动	to add, to plus
34. zhījiān	之间		between
35. bāo	包	动、名、量	to wrap, monthly fee, bag

(二) 练习　Exercises

1. 听第一段录音,判断下列句子的正误。Listen to the first recording and decide if the following statements are true or false.

(1) 桥本想要办一张银行卡。(　　)

(2) 银行柜员帮桥本填写了表格。(　　)

(3) 桥本把身份证给银行柜员看了。(　　)

(4) 桥本在表上签了名。(　　)

(5) 桥本在银行卡上存了钱。(　　)

(6) 桥本存了 5000 元。(　　)

2. 听第二段录音,选择正确答案。Listen to the second recording and choose the correct answer to the following questions.

(1) 安德烈在干什么?(　　)

　　A. 邮寄包裹　　　　　　B. 存钱　　　　　　　C. 寄钱

(2) 安德烈要邮寄包裹到哪里?(　　)

　　A. 南京　　　　　　　　B. 上海　　　　　　　C. 山东

(3) 普通包裹和快递有什么不同?(　　)

　　A. 普通包裹便宜　　　　B. 普通包裹速度快　　C. 快递也不贵

(4) 快递从这里到上海要几天?(　　)

　　A. 两天　　　　　　　　B. 两三天　　　　　　C. 一天

(5) 安德烈寄的东西(　　)。

　　A. 不多　　　　　　　　B. 不急　　　　　　　C. 不贵

（6）一共多少钱？（   ）

    A. 八元　　　　　　　B. 十八元　　　　　　C. 八毛

3. 听第三段录音，回答下列问题。Listen to the third recording and answer the following questions.

（1）福兰克的手机怎么了？为什么？

_____

（2）福兰克给手机充钱了吗？充了多少？

_____

（3）福兰克的话费可以用很长时间吗？

_____

（4）福兰克的手机平时主要干什么？

_____

（5）营业员让福兰克干什么？为什么？

_____

（6）福兰克还开通了什么业务？

_____

（三）注释　Notes

1. 从这里到上海要几天？

"从……到……"表示起点到终点，可以是时间，也可以是空间。

"Cóng … dào …" indicates from the starting point to the end when describing the gap between space or time.

2. 我的手机停机了，可能是没钱了。

"可能"，表示推测，也许，或许。

"Kěnéng", used in speculating, indicates possibility.

3. 你可以每月包个流量。

"流量"是手机上网时，与服务器之间交换数据的数量。"包流量"是手机用户支付固定的费用获得固定的流量。

"Liúliàng", cell phone traffic, is the quantity of exchanging data between the phone and the internet. "Bāo liúliàng", monthly package fee, refers to the fixed fee every month for fixed data.

三、口语　Speaking

（一）生词　New words

1.	shǒuxù	手续	名	procedure
2.	ānquán	安全	形、名	safe, secured, safty
3.	máoyī	毛衣	名	sweater
4.	jiàn	件	量	piece（quantifier for clothes, furniture, etc.）
5.	hóng	红	形	red
6.	hòu	厚	形	thick, profound, deep
7.	dōngtiān	冬天	名	winter
8.	chuān	穿	动	to wear, to put on
9.	nuǎnhuo	暖和	形、动	warm, to get warm
10.	shì	试	动	to try
11.	dà	大	形	big, large
12.	zhèng	正	副	just
13.	héshì	合适	形	suitable, appropriate
14.	yánsè	颜色	名	color
15.	bái	白	形	white
16.	hēi	黑	形	black
17.	huī	灰	形	grey
18.	piàoliang	漂亮	形	beautiful
19.	rèqíng	热情	形	zealous, enthusiastic

（二）课文 Text

1

福　田：桥本，我给你看个东西。

桥　本：什么东西？银行卡？

福　田：是啊，我今天去银行办的。

桥　本：中国银行长城卡。手续麻烦吗？

福　田：不麻烦，很方便。

福　田：要带什么东西？

桥　本：带上护照，还有钱。

福　田：我也想办一张，这样出门就不要带现金了。

桥　本：对，又方便又安全。

福　田：我明天就去银行。

2

（商店）

营业员：你好！欢迎光临！要买什么？

美　珍：我想看看毛衣。

营业员：请到这边来。

美　珍：这件红色的真不错。多少钱？

营业员：320 元。

美　珍：哦，有点儿贵。

营业员：这件毛衣厚实，冬天穿了暖和。你可以试试看。

美　珍：好的。太大了，有小一点儿的吗？

营业员：有的，试试这件。

美　珍：正合适。还有其他颜色吗？

营业员：有的，还有白色的、黑色的和灰色的。你看你喜欢哪一件？

美　珍：都挺漂亮的。还是红色吧，看起来很热情。

(三) 注释   Notes

Bank of China, one of the five stately owned commercial banks, is the most internationalized and the most diversified bank in China. It offers financial service in China mainland, Hong Kong, Macao, Taiwan and 37 other foreign countries. The Great Wall Card is the debit card, used only in China, for deposit, withdrawal, purchase and payment.

1. 中国银行长城卡。

"中国银行"是中国五大国有商业银行之一,是中国国际化和多元化程度最高的银行,在中国内地、香港、澳门、台湾及 37 个地区和国家为客户提供金融服务。"长城卡"是中国银行发行的人民币借记卡,在中国境内使用,可以存取现金、消费结算和转账结算。

(四) 练习   Exercises

1. 根据第一篇课文,回答以下问题。Answer the following questions according to the first text.

(1) 福田给桥本看的是什么东西?

_____

(2) 办银行卡手续麻烦吗? 要带什么东西?

_____

(3) 为什么要办银行卡呢?

_____

(4) 福田也打算去办吗?

_____

2. 根据第二篇课文,把下面的句子填充完整。Fill in the blanks according to the second text.

美珍去商店买_____。她觉得那件_____不错,但是要 320 元,她觉得有点儿_____。营业员说这件毛衣很_____,冬天穿了_____,她让美珍_____。美珍试了,觉得有点儿大,又试了一件_____一点儿的,正_____。营业员说还有其他_____的,白的、黑的、灰的。美珍觉得都很_____,最后买了_____的。

Tīngshuō shíjiàn
四、听 说 实践 Practice of listening and speaking

(一)课堂习题 In-class practice

1. 声调练习。Tones.

(1) 四个声调练习。The four tones.

zī	—	zǐ	zì		cī	cí	cǐ	cì
sī	—	sǐ	sì		zā	zá	zǎ	—
cā	—	cǎ	—		sā	—	sǎ	sà
zāo	záo	zǎo	zào		cāo	cáo	cǎo	cào
sāo	—	sǎo	sào		zuō	zuó	zuǒ	zuò
cuō	cuó	—	cuò		suō	—	suǒ	suo

(2) 单词练习。Practice of phrases.

fēnxī	jiāoqū	kāiguān	shēnbiān	yīngdāng
zhāokāi	bāngmáng	cōngmíng	dāncí	huāyuán
jiānchí	jīngshén	bīnguǎn	gōngchǎng	hēibǎn
pīzhǔn	quēdiǎn	sīxiǎng	bāokuò	bēitòng
chūxiàn	dēngjì	gānzào	guīlǜ	chūntiān

2. 用本课生词填空。Fill in the blanks with new words in this unit.

> 颜色 平时 从……到…… 张 号码 合适 填 穿
> 寄 安全

(1) 我想去银行办一_____银行卡。

(2) 营业员让我先_____表。

(3) 我要到邮局去_____包裹。

(4) 这是_____上海_____南京的高铁。

(5) 我在快递的单子上留了电话_____。

(6) 我的手机_____电话打得多,有时还上网。

(7) 出门带银行卡既方便,又_____。

（8）冬天＿＿＿＿＿＿＿＿＿＿＿＿厚毛衣暖和。

（9）我试了这件毛衣,大小正＿＿＿＿＿＿＿＿＿＿。

（10）这件衣服的＿＿＿＿＿＿＿＿很多,有红色的,有灰色的,还有白色的。

3. 用"把"将下列词或短语连成句子。Write the following words or phrases into sentences with "bǎ".

（1）教室	打扫	（5）钱	存到银行
（2）故事	讲完	（6）菜	洗好
（3）车票	买好	（7）房间	收拾
（4）书	拿过来	（8）礼物	邮寄给妈妈

4. 用"从……到……"将下列词或短语连成句子。Write the following words or phrases into sentences with "cóng…dào…".

（1）北京　南京　坐高铁

＿＿＿＿＿＿＿＿＿＿＿＿＿＿＿＿＿＿＿＿＿＿＿＿＿

（2）八点　十点　上听说课

＿＿＿＿＿＿＿＿＿＿＿＿＿＿＿＿＿＿＿＿＿＿＿＿＿

（3）学校　火车站　坐公共汽车

＿＿＿＿＿＿＿＿＿＿＿＿＿＿＿＿＿＿＿＿＿＿＿＿＿

（4）早上八点　晚上十点　图书馆　开放

＿＿＿＿＿＿＿＿＿＿＿＿＿＿＿＿＿＿＿＿＿＿＿＿＿

（5）学校大门　宿舍　走路半小时

＿＿＿＿＿＿＿＿＿＿＿＿＿＿＿＿＿＿＿＿＿＿＿＿＿

（6）晚上十一点　早上七点　休息时间

＿＿＿＿＿＿＿＿＿＿＿＿＿＿＿＿＿＿＿＿＿＿＿＿＿

5. 用"可能"连接两个句子。Rewrite the following sentences with "kěnéng".

(1) 办公室没有人接电话。刘老师上课去了。

_____

(2) 手机找不到了。手机丢了。

_____

(3) 房间的门开着。美珍回来了。

_____

(4) 安德烈买了去苏州的车票。他要去旅行。

_____

(5) 操场上很热闹。正在进行篮球比赛。

_____

(6) 贝迪今天精神不太好。她晚上没有睡好。

_____

6. 完成下列对话。Finish the following dialogue.

泰 英：贝迪,我的手机快_____钱了,我想去营业厅充值。

贝 迪：我也要去。我要去_____上网流量。

泰 英：对,包流量上网省_____。你加入同学网了吗?

贝 迪：没有。同学网是_____?

泰 英：同学网是同学_____打电话不要钱。

贝 迪：不要钱? _____?

泰 英：是的,我已经_____,电话费_____多了。

贝 迪：好,我也去开通吧。

（二）课后习题 After-class practice

1. 根据情景选用词语会话。Talk with your classmates with words given below according to different situation.

(1) 和你的同学谈一谈你去银行的经历。

Talk about your experience in the bank.

> 银行卡　存钱　取钱　换钱　办理　填表　签名

（2）和你的同学谈一谈你在邮局的经历。

Talk about your experience in the post office.

> 寄信　寄包裹　普通　快递　称重　信封　邮票

2. 说一说。Free talk.

说一说你手机使用时遇到的问题。

Have a free talk about the problems you have encountered in using the mobile phone.

Kuòzhǎn xùnliàn
五、扩 展 训 练　Expansion drill

（一）生词　New words

1.	Yuènán	越南	专名	Vietnam
2.	xiàn	线	名	line, wire, thread
3.	běifāng	北方	名	north
4.	fēn	分	动	to divide
5.	jìnrù	进入	动	to enter
6.	yǐlái	以来	名	since
7.	xiàngmù	项目	名	event, item, project
8.	xíngshì	形式	名	form, shape
9.	wǔshù	武术	名	martial art
10.	zǔzhī	组织	动、名	to organize, organization
11.	Liánhéguó	联合国	名	the United Nations

（二）边听边看　Listen and read

Yuènán shì Yàzhōu de yī gè shèhuì zhǔyì guójiā, wèi
越南 是 亚洲 的 一个 社会 主义 国家，位

yú dōngnányà zhōngnán bàndǎo dōngbù, guótǔ xiácháng,
于 东南亚 中南 半岛 东部，国土 狭 长，

dōngmiàn hé nánmiàn línhǎi, hǎi'ànxiàn jiào cháng. Yuènán
东 面 和 南 面 临海，海岸线 较 长。 越 南

dìchǔ běi huíguīxiàn yǐ nán, shǔ rèdài jìfēng qìhòu,
地处 北 回归线 以 南，属 热带 季风 气候，

gāowēn duō yǔ, běifāng yī nián fēn sìjì, nánfāng fēnwéi
高温 多雨，北方 一 年 分 四季，南 方 分为

hànjì hé yǔjì. Yuènán shì fāzhǎnzhōng guójiā, jìnrù
旱季 和 雨季。 越 南 是 发展中 国家，进入21

shìjì yǐlái, jīngjì chíxù zēngzhǎng, rénmín shēnghuó
世纪 以来，经济 持续 增长，人民 生活

shuǐpíng yǒu suǒ tí gāo
水平 有 所 提高。

Vietnam is a socialist country in Asia, in the eastern part of Indo-China Peninsula of Southeast Asia. The territory is narrow and long, with sea in the east and south, which contributes to the long coastline. Vietnam, mainly to the south of the Tropic of Cancer, is greatly influenced by the tropical monsoon climate with high temperature and heavy rain. In the north, there are four seasons, while in the south, there are only dry season and rainy season. As one of the developing countries, Vietnam keeps on developing in the 21st century, thus improve people's life.

（三）边看边读　Read aloud

Yuènán chuántǒng tǐyù xiàngmù fēngfù duōcǎi, xíngshì
越 南 传统 体育 项目 丰富 多彩、形式

duōyàng, liúchuán jiào guǎng de yǒu wǔshù, xiàngqí, téngqiú
多样，流传 较 广 的 有 武术、象棋、藤球

hé sàiniú. Fójiào shì Yuènán zuì dà de zōngjiào, tiānzhǔjiào
和 赛牛。佛教 是 越 南 最 大 的 宗 教，天主教

yě yǒu zhòngduō xìntú. Yuènán lǚyóu zīyuán fēngfù,
也 有 众 多 信徒。越 南 旅游 资源 丰富，

chù fēngjǐng míngshèng bèi Liánhéguó jiàokēwénzǔzhī liè
5 处 风景 名 胜 被 联合国 教科文组织 列

wéi shìjiè wénhuà hé zìrán yíchǎn.
为 世界 文 化 和 自然 遗产。

There are abundant traditional sports events in different forms in Vietnam, among which martial arts, Chinese chess, sepa takraw and cattle race are widely known. Buddhism is the main religious belief while Catholicism has numerous followers. Vietnam possesses rich tourist resources, among which 5 scenic spots are recognized as "World Cultural and Natural Heritage" by the UNESCO.

第十课

Shēnqǐng yǔ kǎoshì
申请与考试
Application and Examination

Chángyòng jùxíng
一、常用句型 Common sentences

Děng dàjiā de hànyǔ shuǐpíng zài tígāo yīdiǎn, jiù kěyǐ cānjiā le.
1. 等 大家 的 汉语 水平 再 提高 一点，就 可以 参加 了.
(When you can improve your Chinese competence, you may take part in the examination.)

Nǐ kěyǐ xuǎnzé cānjiā shìhé zìjǐ shuǐpíng de jíbié.
2. 你 可以 选择 参加 适合 自己 水平 的 级别。(You may choose the levels that suits you.)

Zhǐyào fúhé tiáojiàn, jiù kěyǐ shēnqǐng.
3. 只要 符合 条件，就 可以 申请。(As long as you match the condition, you may apply for it.)

Zhǐyǒu hǎohǎo xuéxí, cáinéng shēnqǐng dào jiǎngxuéjīn.
4. 只有 好好 学习，才能 申请 到 奖学金。(Only when we study hard, can we apply for the scholarship.)

Hái xūyào shénme cáiliào ma?
5. 还 需要 什么 材料 吗？(Is any other material supplemented?)

Kǎoshì huì bù huì hěn nán a?
6. 考试 会 不 会 很 难 啊？(Will or will not the exam be difficult?)

Tīnglì
二、听力　Listening

（一）生词　New words

1. shuǐpíng	水平	名	level，competence
2. kǎoshì	考试	名	examination
3. tígāo	提高	动	to improve，to increase
4. yīdiǎnr	一点儿		a little bit
5. fēn	分	动	to divide
6. děngjí	等级	名	level，grade
7. xuǎnzé	选择	动、名	to choose，to select，choice
8. shìhé	适合	动	to suit，to fit
9. kǒuyǔ	口语	名	spoken language，colloquial language
10. bùfen	部分	名	part，section
11. liù	六	数	six
12. chūjí	初级	形	elementary，primary
13. zhōng	中	名、形	center，middle，intermediate
14. gāo	高	形	tall，high，advanced
15. tīnglì	听力	名	listening comprehension
16. yuèdú	阅读	动	to read
17. míngnián	明年	名	next year
18. shēnqǐng	申请	动	to apply
19. tiáojiàn	条件	名	condition
20. cáiliào	材料	名	material

21.	zhèngmíng	证明	动、名	to prove, to testify, certification
22.	chéngjì	成绩	名	score, result, mark
23.	zhǐyǒu	只有	连、副	only if, only
24.	gǎnjǐn	赶紧	副	in a hurry
25.	shíjiān	时间	名	time
26.	zhǐ	纸	名	paper
27.	dēngjì	登记	动	to register, to check in
28.	fúwù	服务	动	to serve
29.	ránhòu	然后	副	then, after that
30.	fùyìn	复印	动	to copy, to duplicate
31.	zhàopiàn	照片	名	photograph

(二)练习 Exercises

1. 听第一段录音,选择正确答案。Listen to the first recording and choose the correct answer to the following questions.

(1) 泰英他们也要参加"汉语水平考试"吗?(   )

　　A. 现在就要　　　B. 以后要　　　C. 以后也不要

(2)"汉语水平考试"(   )。

　　A. 一点儿也不难　B. 太难了　　　C. 有一点儿难

(3) 参加"汉语水平考试"时,学生(   )。

　　A. 可以选择适合自己水平的等级

　　B. 口语和笔试一起考

　　C. 选择一样的等级考试

(4)"汉语水平考试"中,笔试共有(   )级。

　　A. 一　　　　　　B. 六　　　　　　C. 三

(5)"汉语水平考试"中,笔试共有(   )部分内容。

　　A. 三　　　　　　B. 六　　　　　　C. 不清楚

2. 听第二段录音,判断下列句子的正误。Listen to the second recording and decide if the following statements are true or false.

(1) 外国留学生不可以申请"校长奖学金"。(　　)

(2) 申请表要到办公室去拿。(　　)

(3) "校长奖学金"只要填写申请表就行了。(　　)

(4) 学习证明、成绩单和学习计划可以准备,也可以不准备。(　　)

(5) 所有的内容都用中文填写。(　　)

(6) 所有材料在 12 号之前交。(　　)

3. 听第三段录音,回答下列问题。Listen to the third recording and answer the following questions.

(1) 一月份的"汉语水平考试"什么时间进行?

_____

(2) "汉语水平考试"可以怎么考? 桥本选的什么?

_____

(3) 桥本要先在哪儿进行登记?

_____

(4) 报名还要提供什么材料?

_____

(5) 桥本什么时候来交?

_____

（三）注释　Notes

" Hànyǔ shuǐpíng kǎoshì" (HSK) is the state standard examination to test the proficiency of Chinese for the non-native speakers of Chinese. HSK is conducted regularly every year in China and overseas. Those whose score reach certain standard will get a certificate of Chinese level.

"Bùguò", used at the beginning of the second half of the sentence, indicates transition to limit or revise the content of the first half.

"Děi", auxiliary verb, indicates obligation or necessity.

"Hànyǔ kǎoshì fúwù wǎng" is the special website offering on-line registration, on-line testing, and exam results for the examinee.

1. 我们要参加"汉语水平考试"吗？

"汉语水平考试(HSK)"是为测试母语为非汉语者的汉语水平而设立的国家级标准化考试。HSK 每年定期在中国国内和海外举办,考试成绩达到规定标准者,可以获得相应等级的《汉语水平证书》。

2. 不过口试和笔试是分开的。

"不过",用在后半句的开头,表示转折,对上半句进行限制或修正。

3. 你得赶紧准备。

"得"(děi),助动词,必须,需要。

4. 汉语考试服务网

"汉语考试服务网"(http://www. chinesetest. cn/index. do),为汉语水平考试提供网上报名,为考生提供在线检测,同时集中管理汉语考试成绩的专门网站。

三、口语　Speaking

（一）生词　New words

1.	xiāoxi	消息	名	news, information
2.	jùlèbù	俱乐部	名	club
3.	bàomíng	报名	动	to sign up
4.	gǎnkuài	赶快	副	quickly, at once, in a hurry
5.	gēnběn	根本	名、形	foundation, root, basic, fundamental
6.	lǐng	领	动	to receive, to take
7.	dòngzuò	动作	名	action, behavior, movement
8.	chénggōng	成功	动、形	to succeed, success
9.	kèchéng	课程	名	course, curriculum
10.	jǐnzhāng	紧张	形	nervous, anxious

11.	dānxīn	担心	动	to worry
12.	jígé	及格	动	to pass a test
13.	bǔ	补	动	to make up (examination)
14.	mùdì	目的	名	purpose, aim, objective

(二) 课文 Text

1

王　刚：福兰克,告诉你一个好消息。

福兰克：什么消息?

王　刚：学校武术俱乐部开始报名了。要是你想参加的话,就赶快去申请!

福兰克：太好了! 选修课的武术我根本不过瘾,正想好好儿学呢!

王　刚：嗯。我帮你领了申请表,你先填一下。

福兰克：谢谢! 只要填了申请表就可以参加,对吧?

王　刚：还要面试。

福兰克：怎么面试?

王　刚：把你已经学的武术动作给他们表演表演。

福兰克：好。那我这两天再好好练练。

王　刚：一定会成功的!

2

美　珍：刘老师,我们的听说课程什么时候期末考试啊?

刘老师：圣诞节之后,可能在一月初。

美　珍：考试会不会很难啊?

刘老师：大家都认真学习了,应该不会觉得难。

美　珍：听力和口语分开来考吗?

刘老师：是的,分开考。

美　珍：有点儿紧张,担心考不好。

刘老师：不要紧张,大家平时学习都很认真,肯定没问题。

美　珍：要是不及格怎么办?

刘老师：不及格就补考啊。别担心,考试只是一种手段,学好汉语才是目的。

美　珍：是,老师,我会努力的!

(三) 注释　Notes

The interrogative tone is formed by a statement plus "duì ba". "Hǎo bù hǎo" "hǎo ma" "duì bù duì" may also be used with the statement to form interrogative tone.

"Yīnggāi", auxiliary verb, indicates something taken for granted.

1. 只要填了申请表就可以参加,对吧?

这一句是由陈述句加上"对吧"构成疑问,"好不好""好吗""对不对"也常与陈述句一起构成疑问句。

➤ 我们一起去图书馆,好吗?

他是日本人,对不对?

2. 大家都认真学习了,应该不会觉得难。

"应该",助动词,表示理所当然。

(四) 练习　Exercises

1. 根据第一篇课文,回答以下问题。Answer the following questions according to the first text.

(1) 王刚给福兰克带来了什么好消息?

_____

(2) 福兰克喜欢这个消息吗?

_____

(3) 想要参加武术俱乐部,福兰克先要干什么?

_____

(4) 填了申请表就可以参加吗? 还要干什么?

_____

（5）怎么面试呢？

_____

（6）福兰克打算怎么准备呢？

_____

2. 根据第二篇课文,把下面的句子填充完整。Fill in the blanks according to the second text.

期末_____就要到了,美珍有点儿紧张,_____考不好。刘老师说大家平时学习很认真,_____不会觉得难。考试时,听力和口语_____考。考试的时间是_____初。美珍担心不及格,刘老师说考试只是一种手段,主要_____是学好汉语。美珍说她一定会_____学习的。

Tīngshuō shíjiàn
四、听 说 实践 Practice of listening and speaking

（一）课堂习题 In-class practice

1. 声调练习。Tones.

（1）四个声调练习 The four tones.

zāi	—	zǎi	zài	zhāi	zhái	zhǎi	zhài
cāi	cái	cǎi	cài	chāi	chái	chǎi	chài
sāi	—	sǎi	—	shāi	—	shǎi	shài
—	—	zǔ	zuì	zhuī	—	—	zhuì
cuī	—	cuǐ	cuì	chuī	chuí	—	—
suī	suí	suǐ	suì	—	shuí	shuǐ	shuì

（2）单词练习。Practice of phrases.

céngjīng	chéngbāo	chúxī	géxīn	hángbān	hóngbāo
cáihuá	chuándá	cóngróng	guómén	láihuí	língshí
báilǐng	cháguǎn	duóqǔ	héfǎ	láiwǎng	méitǐ
bóshì	cáizhèng	chángjiàn	cháodài	déyì	dúchàng

2. 用本课生词填空。Fill in the blanks with new words in this unit.

成功　领　材料　填　提高　赶紧　选择　只有　报名

(1) 学习汉语三个月,我们的汉语水平有很大_____。

(2) 我们可以_____适合自己的汉语书。

(3) 申请奖学金要准备一些_____。

(4) _____努力学习,才能提高汉语水平。

(5) 快要迟到了,我们_____走。

(6) 我从老师那儿帮你_____了申请表,你来_____一下。

(7) 福兰克填了申请表,参加了面试,最后_____加入武术俱乐部。

(8) 桥本_____参加了一月份的"汉语水平考试"。

3. 用"只要……就……"改写句子。Rewrite the following sentences with "zhǐyào…jiù…".

(1) 有篮球比赛。安德烈会参加。

_____

(2) 有时间。美珍会去图书馆学习。

_____

(3) 条件符合。每个人都可以申请奖学金。

_____

(4) 我们努力。可能成功。

_____

(5) 明天天气好。妈妈带我去动物园。

_____

(6) 学习中有问题。他们一起讨论。

_____

4. 用"不过"将下列词或短语连成句子。Rewrite the following sentences with "bùguò".

（1）这本书很好。有点儿贵。

_____

（2）坐公共汽车很方便。人有点儿多。

_____

（3）新买的鞋子很漂亮。有点儿不舒服。

_____

（4）中国到处都有很多人。我已经习惯了。

_____

（5）今天书写的内容很难。我已经写完了。

_____

（6）毛衣有点儿贵。我很喜欢,所以就买了。

_____

5. 用"对吧""好吗""对不对""是不是"完成句子。Make the following sentences into interrogative tone with "duì ba" "hǎo ma" "duì bù duì" "shì bù shì".

（1）刘老师在办公室等我们。

_____

（2）泰英参加了京剧表演。

_____

（3）《白蛇传》中的爱情故事很感人。

_____

（4）考试不会很难。

_____

(5) 只要符合条件,大家都能申请奖学金。

_____

(6) 汉语水平的提高需要大家平时的努力。

_____

6. 完成下列对话。Finish the following dialogue.

福　田:桥本,你的"汉语水平考试"什么_____考?

桥　本:要到一月份呢,是第二周_____。

福　田:你选择的是纸笔考试_____网络考试呢?

桥　本:我_____的是纸笔考试。

福　田:准备得_____?

桥　本:马马虎虎吧。我_____阅读有点儿难。

福　田:为什么?

桥　本:阅读后面的_____有点儿难,经常做不对。

福　田:哦,你还需要多_____。

(二) 课后习题　After-class practice

1. 根据情景选用词语会话。Talk with your classmates with words given below according to different situation.

(1) 和你的同学谈一谈你参加考试的经历。

Talk about one of your experiences of taking part in the examination.

　参加　难　容易　认真　努力　学习　平时　及格　补考

(2) 和你的同学谈一谈你申请到中国读书的经历。

Talk about your experience of applying to learning in China.

　申请表　领　下载　填写　材料　证明　照片　复印　面试

2. 说一说。Free talk.

说一说你在中国参加体育或是其他俱乐部的经历。

Have a free talk about your experience of joining in any club in China.

五、扩展 训练 Expansion drill

Kuòzhǎn xùnliàn

（一）生词 New words

1. Āijí	埃及	专名	Egypt
2. Fēizhōu	非洲	专名	Africa
3. kuà	跨	动	to extend, to go beyond
4. wèizhì	位置	名	position
5. gǔdài	古代	名	ancient time
6. wénmíng	文明	名、形	civilization, civilized
7. kējì	科技	名	science and technology
8. lǐngyù	领域	名	field, domain
9. lǐngxiān	领先	动	to take the lead
10. shāmò	沙漠	名	desert
11. Níluóhé	尼罗河	专名	the Nile
12. shēngmìng	生命	名	life
13. Sūyīshì	苏伊士	专名	Suez
14. yìyì	意义	名	meaning, significance
15. jǔshì-wénmíng	举世闻名		world-famous
16. Ālābó	阿拉伯	专名	Arab

（二）边听边看　Listen and read

Egypt, in the northeast of Africa, occupies very important strategic position as a bicontinental country. Egypt is one of the Four Great Ancient Civilizations and was once the earliest country in the world. Now it still takes the leading position in economy, science and technology in Africa. Locating in the tropical area, climate in Egypt is hot and dry and 96% of the territory is the desert, thus tropical desert climate dominating.

Āijí wèiyú Fēizhōu dōngběibù, dì kuà yà fēi liǎng zhōu,
埃及 位于 非洲 东北部，地跨 亚 非 两 州，
zhànlüè wèizhì shífēn zhòngyào. Āijí shì gǔdài sì dà
战略 位置 十分 重要。埃及 是 古代 四 大
wénmíng gǔguó zhī yī, céng shì shìjiè shàng zuì zǎo de
文明 古国 之一，曾 是 世界 上 最早 的
guójiā, xiànzài zài jīngjì, kējì děng lǐngyù réng chǔ yú
国家，现在 在 经济、科技 等 领域 仍 处于
Fēizhōu lǐngxiān dìwèi. Āijí dì chǔ rèdài, jìngnèi 96%
非洲 领先 地位。埃及 地处 热带，境内 96%
wéi shāmò, rèdài shāmò qìhòu zhàn zhǔdǎo, qìhòu yánrè,
为 沙漠，热带 沙漠 气候 占 主导，气候 炎热，
gānzào shǎoyǔ.
干燥 少雨。

（三）边看边读　Read aloud

The Nile, the longest river in the world, is the river of life in Egypt. The Suez Canal connects the Red Sea and the Mediterranean Sea, the Atlantic Ocean and the India Ocean, which has important strategic position. The pyramid, the temple, the Sphinx are all well-known to the world. Egypt has numerous cultural heritage and rich tourist resources. Egypt belongs to the Arab States and Islam is the state religion.

Níluóhé shì Āijí de shēngmìng zhī hé, shì shìjiè dì-yī
尼罗河 是 埃及 的 生命 之 河，是 世界 第一
cháng hé. Sūyīshì yùnhé gōutōng Hónghǎi hé Dìzhōnghǎi,
长 河。苏伊士 运河 沟通 红海 和 地中海、
Dàxīyáng hé Yìndùyáng zhànlüè yìyì zhòngyào. Āijí de
大西洋 和 印度洋，战略 意义 重要。埃及 的
Jīnzìtǎ, shénmiào, Shīshēn rén miàn xiàng jǔshì-wénmíng,
金字塔、神庙、狮身人面像 举世闻名，
wénhuà yíchǎn duō, lǚyóu zīyuán fēngfù. Āijí shǔ yú
文化 遗产 多，旅游 资源 丰富。埃及 属于
Āilābó guójiā, Yīsīlánjiào wéi qí zhǔyào zōngjiào.
阿拉伯 国家，伊斯兰教 为 其 主要 宗教。

第 十 一 课

Biǎoyáng yǔ jiànyì
表 扬 与 建 议
Praise and Suggestion

Chángyòng jùxíng
一、常 用 句 型 Common sentences

Nǐ hànyǔ xué de zhēn hǎo!
1. 你 汉语 学 得 真 好！(How well you have learned Chinese!)

Nǐ de hànzì xiě de hěn hǎo, bān shàng méi rén bǐ de shàng.
2. 你 的 汉字 写 得 很 好，班 上 没 人 比 得 上 。(The Chinese character you write is the best and none in our class can match you.)

Yàobù nǐ xiān zhìdìng yī gè xuéxí jìhuà?
3. 要 不 你 先 制 定 一 个 学习 计划? (It would be better for you to make a plan for study.)

Wǒ jiànyì wǒmen yāoqǐng Zhōngguó tóngxué yīqǐ guò shèngdàn ba.
4. 我 建议 我们 邀请 中 国 同 学 一起 过 圣 诞 吧。(I suggest that we should invite our Chinese classmates to celebrate the Christmas.)

Zuìhǎo měicì shàngkè zhīqián yào yùxí.
5. 最好 每次 上课 之前 要 预习. (You'd better preview before classes.)

Zhèyàng jì kěyǐ liànxí tīng yòu kěyǐ liànxí shuō zhēnshì yìjǔ-liǎng dé.
6. 这 样 既 可以 练习 听，又 可以 练习 说，真 是 一举 两 得。
(In this way, you may practice listening as well as speaking. You can kill two birds with one stone.)

Tīnglì
二、听力　Listening

(一) 生词　New words

1. zì	字	名	Chinese character
2. bǐ	比	介、动	than, to compare
3. jiānchí	坚持	动	to persist
4. bǐjì	笔记	名	note
5. jiè	借	动	to borrow, to lend
6. qīngchǔ	清楚	形	clear
7. fùxí	复习	动	to review
8. shēngcí	生词	名	new words
9. liǎobùqǐ	了不起	形	amazing, terrific
10. jiànyì	建议	名、动	proposal, to suggest
11. yàobù	要不	连	or, otherwise
12. dìng	定	动	to make(up one's mind), to decide
13. jìhuà	计划	动、名	(to) plan
14. qìngzhù	庆祝	动	to celebrate
15. yāoqǐng	邀请	动	to invite
16. zhǔyi	主意	名	idea
17. jǔxíng	举行	动	to hold
18. wǎnhuì	晚会	名	party, evening party

(二) 练习　Exercises

1. 听第一段录音,选择正确答案。Listen to the first recording and choose the correct answer to the following questions.

(1) 泰英的汉语学了多长时间? (　　)

　　A. 两年　　　　　　B. 二年　　　　　C. 很长时间

（2）泰英的汉语学得怎么样？（　　）

    A. 不太好　　　　　B. 很好　　　　　　C. 不好

（3）泰英的汉字写得怎么样？（　　）

    A. 马马虎虎　　　　B. 不太好　　　　　C. 班上最好

（4）泰英怎样练习汉字？（　　）

    A. 经常练习　　　　B. 每天练习　　　　C. 有时练习

2. 听第二段录音，判断下列句子的正误。Listen to the second recording and decide if the following statements are true or false.

（1）桥本要借福田的课堂笔记看看。（　　）

（2）桥本的课堂笔记又认真又清楚。（　　）

（3）课堂笔记方便课后复习。（　　）

（4）桥本笔记记得不多，因为他上课听不懂。（　　）

（5）福田觉得自己学习没有进步。（　　）

（6）福田建议桥本先定一个学习计划。（　　）

3. 听第三段录音，回答下列问题。Listen to the third recording and answer the following questions.

（1）安德烈和福兰克准备庆祝什么节日？

_____

（2）他们准备怎么庆祝呢？

_____

（3）他们打算买什么？

_____

（4）除了邀请中国同学，他们还邀请谁参加？

_____

（5）他们准备什么时候去邀请？

_____

（三）注释　Notes

"Néng měitiān jiānchí?" is a yes or no question, indicating uncertainty.

1. 你真厉害，能每天坚持？

"能每天坚持？"，是非疑问句，表示半信半疑。

Kǒu yǔ
三、口语　Speaking

（一）生词　New words

1. lǎngdú	朗读	动	to read aloud
2. lùyīn	录音	动	to record
3. bǔchōng	补充	动	to supplement
4. zuìhǎo	最好	副	had better
5. yùxí	预习	动	to preview
6. gèng	更	副	more, further
7. róngyì	容易	形	easy
8. dǒng	懂	动	understand
9. liáotiānr	聊天儿	动	to chat, to have small talk
10. yījǔ-liǎngdé	一举两得		to kill two birds with one stone
11. wánchéng	完成	动	to finish, to complete
12. zuòyè	作业	名	homework
13. bùrán	不然	连	otherwise
14. fēicháng	非常	副	very, very much
15. bàng	棒	形	excellent

（二）课文　Text

1

桥　本：福田，我的学习计划定好了。你帮我看看？

福　田：好，我们一起看一下。

福　田：很好啊！有朗读、有学习生词、有听录音，还有练习写汉字。

桥　本：还有什么要补充的呢？

福　田：最好每次上课之前要先预习吧。

桥　本：对，这样更容易听懂。

福　田：我建议你要多和中国人聊天儿。

桥　本：嗯，这样既可以练习听，又可以练习说，真是一举两得。

福　田：还要认真完成作业！

桥　本：这个肯定会，不然林老师要找我了。

2

安德烈：这真是一个特别的圣诞晚会！

王　刚：是啊。大家表演中国节目，庆祝外国的节日。

安德烈：大家都表演得很好啊！

王　刚：我觉得福兰克的武术表演得非常好，看上去跟功夫之王似的。

安德烈：他花了好长时间练习。表演得真是好极了。

王　刚：泰英的中国舞跳得也不错！

安德烈：嗯，棒极了！ 不过，林老师的歌唱得最好。

王　刚：是，这里没人比得上！

（三）注释　Notes

1. 真是一举两得。

"一举两得"，汉语中的成语，表示做一件事，得到两种收获。

"Yìjǔ-liǎngdé", Chinese idiomatic expression, indicates achieving two things with one stroke.

（四）练习   Exercises

1. 根据第一篇课文,回答以下问题。Answer the following questions according to the first text.

（1）桥本的学习计划有哪些内容?

_____

（2）福田让他补充什么?

_____

（3）福田建议他要多做什么?

_____

（4）和中国人聊天儿有什么好处?

_____

（5）不认真完成作业会怎么样?

_____

2. 根据第二篇课文,把下面的句子填充完整。Fill in the blanks according to the second text.

安德烈和王刚在谈论这个_____的圣诞_____。

大家_____了节目,一起_____这个节日。福兰克

_____了好长时间_____武术,表演得好

_____。泰英_____了中国舞,很不错。林老师

_____,唱得好极了,没人_____。

四、听 说 实 践 Practice of listening and speaking

（一）课堂习题 In-class practice

1. 声调练习。Tones.

（1）四个声调练习。The four tones.

    bēi　—　běi　bèi　biē　bié　biě　biè

pēi	péi	—	pèi	piē	—	piě	—
—	méi	měi	mèi	miē	—	—	miè
lēi	léi	lěi	lèi	liē	—	liě	liè
—	—	něi	nèi	xiē	xié	xiě	xiè

(2) 单词练习。Practice of phrases.

běnkē	fǎngzhī	gǎibiān	jiǎzhuāng	jiǎnchēng
lǎogōng	biǎogé	dǎoméi	diǎntóu	fǎtíng
hǎibá	huǎnhé	bǎoxiǎn	bǔkǎo	cǎifǎng
dǎjiǎo	fǔyǎng	kěxǐ	bǎobèi	bǐshùn
chǎndì	chǎngmiàn	chǐcùn	dǎjià	guǎnggào

2. 用本课生词填空。Fill in the blanks with new words in this unit.

借 比 复习 完成 笔记 坚持 预习 庆祝

(1) 福兰克的武术最好,班里没人_____得上。

(2) 福田每天_____到操场运动。

(3) 桥本没有在课堂上写_____的习惯。

(4) 美珍今天忘了带笔。她向贝迪_____了一支。

(5) 快要期末考试了,大家都在认真_____。

(6) 安德烈和几个同学一起出去吃饭,_____自己的生日。

(7) 上课之前进行_____,可以更好地学习。

(8) 每天_____作业之后,我会找中国朋友聊天儿。

3. 用"要不""我建议""最好"改写句子。Rewrite the following sentences with "yào bù" "wǒ jiànyì" "zuì hǎo".

(1) 坐公共汽车人很多。骑自行车去公园。

_____

(2) 我歌唱得不好。讲个故事。

_____

（3）你看起来累坏了。先休息一会儿。

_____

（4）快要考试了。认真复习。

_____

（5）阅读的内容太难了。问问老师。

_____

（6）今天天气很冷。穿上毛衣。

_____

4. 用"真＋形容词""没人比得上""形容词＋极了"对下列行为进行称赞。Rewrite the following sentences into exclamation with "zhēn ＋ adjective" "méirén bǐ de shàng" or "adjective ＋ jí le".

（1）福兰克的表演很好。

_____

（2）《白蛇传》中的爱情故事很感人。

_____

（3）刘老师的歌唱得很好。

_____

（4）这双新鞋子很舒服。

_____

（5）食堂的饭菜很好吃。

_____

（6）假期出去旅行的人很多。

_____

（7）泰英的汉字写得最好。

_____

（8）超市的生活用品很便宜。

_____

5. 用下列词改写句子。Rewrite sentences with "jì…yòu…" "suǒyǐ"
"dànshì" "yǐqián…xiànzài…" "zhèyàng" or "yībiān…yībiān…".

既……又……　　所以　但是　以前……现在……
这样　一边……一边……

（1）美珍洗衣服。美珍唱歌。

_____

（2）这件毛衣很便宜。这件毛衣很漂亮。

_____

（3）他坚持和中国人聊天儿。他的听力和口语都有提高呢。

_____

（4）他不会说汉语。他听不懂我说的话。

_____

（5）很多汉字我都不会写。我认识这些汉字。

_____

（6）我汉字写得不好看。我每天坚持练习,写得好多了。

_____

6. 完成下列对话。Finish the following dialogue.

福田：桥本,你现在的汉语进步_____快呀!

桥本：定了学习计划之后,我每天都很_____。

福田：忙什么?

桥本:课前要＿＿＿＿＿＿＿＿＿＿,课上要写笔记,课后要＿＿＿＿＿＿＿＿＿＿。

福田:是的。除了这些,应该还有呢。

桥本:是啊,还要听＿＿＿＿＿＿＿＿＿＿,写＿＿＿＿＿＿＿＿＿＿。

福田:每天这么忙,汉语水平才能＿＿＿＿＿＿＿＿＿＿。

(二)课后习题　After-class practice

1. 根据情景选用词语会话。Talk with your classmates with words given below according to different situation.

(1) 和你的同学谈一谈你学习汉语的经历。

Talk about your experience in learning Chinese.

口语　阅读　听力　书写　预习　复习　笔记　汉字　朗读
聊天

(2) 和你的同学谈一谈大家最擅长的才艺。

Talk about what your classmates are adept at.

真+形容词　没人比得上　形容词+极了　最+形容词

2. 说一说。Free talk.

说一说你们和中国学生一起参加的一个活动。

Have a free talk about an activity which you took part in with Chinese classmates.

Kuòzhǎn xùnliàn

五、扩展 训练 Expansion drill

(一)生词　New words

1.	Nánfēi	南非	专名	South Africa
2.	miàn	面	量	side
3.	bào	抱	动	to embrace, to hold tightly
4.	xiāngduì	相对	形	relative

5. wěndìng	稳定	形	stable, steady
6. huáng	黄	形	yellow
7. jīn	金	名	gold
8. huángjīn	黄金	名	gold
9. chǎnliàng	产量	名	output, harvest
10. jìshù	技术	名	technique, technology
11. hángyùn	航运	名	shipping
12. Hǎowàngjiǎo	好望角	专名	the Cape of Good Hope
13. xīfāng	西方	名	the west
14. shèshī	设施	名	facility
15. wánshàn	完善	形	complete
16. fànzuì	犯罪		crime, to commit crime
17. lǜ	率	尾	rate, ratio (used at the end of an event)
18. fànzuì lǜ	犯罪率		crime rate

（二）边听边看 Listen and read

Nán fēi, quán chēng Nán fēi gòng hé guó, wèi yú Fēi zhōu dàlù
南非，全　称　南非共和国，位于　非洲　大陆
de zuì nánduān, qí dōng, nán, xī sān miàn bèi Yìndùyáng hé
的　最　南　端,其　东、南、西　三　面　被　印度洋　和
Dà xī yáng huán bào. Nánfēi shì Fēi zhōu dì‐yī dà jīngjìtǐ,
大西洋　环抱。南非是　非　洲　第一大　经济体,
guómín shēnghuó shuǐ píng gāo, jīngjì xiāngduì wěndìng,
国民　生活　水平　高,经济　相对　稳定,
huángjīn yǔ zuànshí chǎnliàng jūn jū shìjiè shǒuwèi, shēnjǐng
黄金与　钻石　产量　均居　世界　首位,深井
cǎikuàng jìshù shìjiè lǐngxiān. Nánfēi dà bùfen dìqū shǔ
采矿　技术　世界　领先。南非大部分　地区　属
rèdài cǎoyuán qìhòu, sìjì fēnmíng.
热带　草原　气候,四季　分明。

South Africa, officially the Republic of South Africa, locates the southernmost point of African continent, facing the India Ocean and the Atlantic Ocean to the east, south and west. South Africa is the largest economic entity in Africa, with high living standard and relatively stable economy. The production of gold and diamond both ranks the first in the world and the mining technique is of world leading. Most part of South Africa has a tropical savanna climate, with four distinctive seasons.

（三）边看边读　Read aloud

Locating on the way of the busies shipping passage of the two oceans, South Africa, with the reputation of "Rainbow Nation", possesses most important geographic position. The Cape of Good Hope has the reputation of "the Life Line of the West on the Ocean". South Africa has rich tourist resources and complete facilities, but the crime rate is relatively high. In 2010, the 19th World Cup was held in South Africa, which is the first that has ever been held in Africa.

Nánfēi sù yǒu "cǎihóng zhī guó" de měiyù, dìchǔ liǎng
南非 素 有"彩 虹 之 国"的 美誉，地处 两
dàyáng de hángyùn yàochōng, dìlǐ wèizhì shífēn zhòngyào.
大洋 的 航运 要 冲，地理 位置 十分 重 要。
Qí xīnán duān de Hǎo wàng jiǎo háng xiàn, yǒu "xīfāng hǎi shàng
其 西南 端 的 好 望 角 航线，有"西方 海 上
shēngmìngxiàn" zhī chēng. Nánfēi lǚ yóu zīyuán fēng fù,
生 命 线"之 称 。南非 旅游 资源 丰 富，
shèshī wánshàn, dàn fànzuì lǜ gāo. nián, zài Nánfēi
设施 完 善，但 犯罪率 高。2010 年，在 南非
jǔxíng le dì jiè Shìjiè bēi zúqiúsài, shì shǒucì zài Fēizhōu
举行 了 第19届 世界杯 足球赛，是 首次 在 非 洲
dìqū jǔxíng de Shìjiè bēi zúqiúsài.
地区 举行 的 世界杯 足球赛。

第十二课

第十二课

Qìhòu yǔ fúzhuāng
气候与服装
Climate and Clothing

Chángyòng jùxíng
一、常用句型　Common sentences

Jīntiān hǎo lěng a!
1. 今天好冷啊!（How cold it is!）

Zhè lǐ dōngtiān jīngcháng xiàxuě.
2. 这里冬天经常下雪。（It often snows in winter here.）

Nǐ jiāxiāng de qìhòu zěnmeyàng a?
3. 你家乡的气候怎么样啊?（What is the weather like in your hometown?）

Tiānqì yùbào shuō kěnéng huì xiàyǔ.
4. 天气预报说可能会下雨。（Weather reports say that it is going to rain.）

Wǒ tǎoyàn xiàyǔ.
5. 我讨厌下雨。（I hate raining.）

Yánsè hé nǐ de wàitào yě hěn pèi.
6. 颜色和你的外套也很配。（The color matches well with your coat.）

Tīnglì
二、听力　Listening

（一）生词　New words

1. dī	低	形、动	low, to lower
2. líng	零	名	zero
3. língxià	零下		subzero, below zero

4.	qìwēn	气温	名	temperature
5.	dù	度	名、量	degree
6.	gǎn	敢	动	to dare
7.	nèi	内	名	inner, inside, within
8.	wēndù	温度	名	temperature
9.	wài	外	名	outer, outside
10.	fēng	风	名	wind
11.	xuě	雪	名	snow
12.	duī	堆	动	to pile up, to stack
13.	yùbào	预报	动	to predict, to forecast
14.	jiāxiāng	家乡	名	hometown
15.	qìhòu	气候	名	climate
16.	xiàtiān	夏天	名	summer
17.	chāoguò	超过	动	to exceed, to surpass
18.	pà	怕	动	to fear, to be afraid of
19.	yībān	一般	形	common, general, ordinary
20.	táifēng	台风	名	typhoon
21.	liángkuai	凉快	形	cool
22.	yǔ	雨	名	rain
23.	jìjié	季节	名	season
24.	chūntiān	春天	名	spring
25.	qiūtiān	秋天	名	fall, autumn
26.	hàn	汗	名	sweat, perspiration
27.	qúnzi	裙子	名	skirt

28. duǎn		短	形	short
29. ài		爱	动、名	(to) love
30. kù		裤	名	trouser

（二）练习 Exercises

1. 听第一段录音,选择正确答案。Listen to the first recording and choose the correct answer to the following questions.

（1）今天的最低气温是多少?（   ）

A. 零度　　　　B. 零上五度　　　　C. 零下五度

（2）现在的室内温度是多少?（   ）

A. 12 度　　　　B. 五度　　　　C. 零下五度

（3）这里的冬天会下雪吗?（   ）

A. 经常下　　　　B. 不下　　　　C. 可能下

（4）下雪了就不能(   )。

A. 堆雪人　　　　B. 踢足球　　　　C. 打雪仗

（5）今天会下雪吗?（   ）

A. 下小雪　　　　B. 下大雪　　　　C. 不会下

2. 听第二段录音,判断下列句子的正误。Listen to the second recording and decide if the following statements are true or false.

（1）福田的家乡全年都是不冷不热。（   ）

（2）夏天有时会有超过 35 度的气温。（   ）

（3）夏季的时间从 6 月到 9 月。（   ）

（4）夏季最不热的是 7 月和 8 月。（   ）

（5）夏季很少下雨。（   ）

（6）台风来了,有大风大雨。（   ）

3. 听第三段录音,回答下列问题。Listen to the third recording and answer the following questions.

（1）泰英最喜欢的季节是什么? 为什么?

_____

（2）泰英为什么不喜欢冬天和夏天呢?

_____

（3）泰英春秋天喜欢穿什么样的衣服?

_____

（4）田丽丽平时上学穿什么衣服?

_____

（三）注释　Notes

"Táifēng" is the tropical cyclone formed above the vast ocean in tropical or subtropical area when the temperature is over 26 centigrade degree. In the north Pacific Ocean, it is called typhoon, in the north Atlantic and east Pacific, while it is called hurricane, and in the southern hemisphere, it is called cyclone.

"Gēn qiú yīyàng", is a metaphor to describe that many clothes a person wears make him look like a ball.

1. 夏天也经常有台风。

"台风"是形成于热带或副热带温度在26摄氏度以上广阔海面上的热带气旋,在北太平洋称之为台风,北大西洋及东太平洋称之为飓风,南半球则称之为旋风。

2. 冬天太冷,穿得跟球一样。

"跟球一样"是个比喻,形容衣服穿得多,像个球一样。

三、口语　Speaking
Kǒuyǔ

（一）生词　New words

1.	zǎochén	早晨	名	morning
2.	chū	出	动	to go out, to exceed
3.	chūmén	出门	动	to go out
4.	jì	记	动	to remember
5.	sǎn	伞	名	umbrella
6.	tǎoyàn	讨厌	形、动	disgusting, to be sick of
7.	gǎnjué	感觉	动、名	to feel, feeling, sensation

8.	cháoshī	潮湿	形	moist, humid
9.	hánlěng	寒冷	形	frigid, chilly
10.	yuē	约	动	to make up (an appointment)
11.	xiǎngniàn	想念	动	to miss
12.	yángguāng	阳光	名	sunlight
13.	cànlàn	灿烂	形	bright, splendid
14.	rì	日	名	sun, day
15.	rìzi	日子	名	day, date
16.	wēnnuǎn	温暖	形	warm
17.	jǐn	紧	形	tight, strict
18.	kuān	宽	形	broad, loose
19.	sōng	松	形	loose
20.	mō	摸	动	to touch, to feel
21.	nánguài	难怪	副、动	no wonder
22.	quán	全	形	whole, full
23.	yáng	羊	名	sheep
24.	yángmáo	羊毛	名	wool

（二）课文　Text

1

福兰克：安德烈，明天天气怎么样？

安德烈：天气预报说可能会下雨，早晨出门我们要记得带雨伞。

福兰克：噢，我讨厌下雨天。

安德烈：是啊，特别是冬天下雨，感觉又潮湿又寒冷，让人觉得不舒服。

福兰克：是的。我还约了同学明天下午踢足球呢。

安德烈：看来踢不成了。

福兰克：有可能。真想念阳光灿烂的日子。

安德烈：哈哈，冬天来了，温暖的春天也就快到了。

2

爱　琳：贝迪，看看我买的新毛衣。

贝　迪：哇！很漂亮！V领，紧身。

爱　琳：我喜欢宽松一点儿的衣服，不过这件紧身的很好看。

贝　迪：嗯，颜色和你的外套也很配。

爱　琳：摸起来也舒服。

贝　迪：我看看。难怪，是全羊毛的呢！

爱　琳：羊毛的暖和，天冷穿正合适。

贝　迪：试穿一下，给我看看？

爱　琳：好。你等一下。

贝　迪：真合身啊！

（三）注释　Notes

"Nánguài" means "there is no wonder", indicating not surprising at all.	1. 难怪，是全羊毛的呢！ "难怪"，意思是怪不得，表示不觉得奇怪。

（四）练习　Exercises

1. 根据第一篇课文，回答以下问题。Answer the following questions according to the first text.

（1）天气预报说明天天气怎么样？

_____

（2）出门要记得带什么？

_____

（3）冬天下雨天给人感觉怎么样？福兰克喜欢下雨天吗？

_____

（4）他今天约了同学干什么？他们还干得成吗？

_____

（5）福兰克喜欢什么天气？

_____

2. 根据第二篇课文，把下面的句子填充完整。Fill in the blanks according to the second text.

爱琳新买了一件_____，V 领，_____身，很_____。

爱琳一般喜欢_____一点儿的衣服，但是这件紧身的很_____。

贝迪说这件毛衣_____和外套也很配，而且因为是_____，摸起

来也 _____。爱琳觉得羊毛的衣服_____，天冷穿正

_____。她试穿了一下，贝迪觉得很_____。

Tīngshuō shíjiàn
四、听 说 实践　Practice of listening and speaking

（一）课堂习题　In-class practice

1. 声调练习。Tones.

（1）四个声调练习。The four tones.

jiū	—	jiǔ	jiù	qiū	qiú	qiǔ	—
xiū	—	xiǔ	xiù	liū	liú	liǔ	liù
niū	niú	niǔ	niù	wēi	wéi	wěi	wèi
guī	—	guǐ	guì	kuī	kuí	kuǐ	kuì
duī	—	—	duì	tuī	tuí	tuǐ	tuì

（2）单词练习。Practice of phrases.

bàituō	cìjī	dàngzhēn	fàngsōng	guìbīn	kèguān
bàochóu	cuòzhé	dàodé	fùcí	hàoqí	jìchéng
bànyǎn	dànǎo	dàibiǎo	fùyǒu	gòumǎi	hèkǎ
bèidòng	cànlàn	chuàngzuò	fànzuì	gùkè	jìndài

2. 用本课生词填空。Fill in the blanks with new words in this unit.

伞　超过　低　秋天　寒冷　记　下雪　凉快　温暖

(1) 冬天室外的温度有点儿_____。

(2) 天气预报说明天会_____,我们可以玩雪了。

(3) 我的家乡夏天很热,经常_____35度。

(4) 台风来的时候有大风大雨,天气会_____一儿点。

(5) 我喜欢春天和_____,天气不冷不热。

(6) 今天有雨,出门的时候_____得带_____。

(7) 今天的温度高,感觉很_____。

(8) _____的冬天让人想念温暖的阳光。

3. 用"因为"改写句子。Rewrite the following sentences with "yīnwèi".
(1) 我喜欢红色。红色很热情。

_____

(2) 桥本汉语进步很快。他定了一个学习计划。

_____

(3) 福田办了一张银行卡。银行卡安全方便。

_____

(4) 泰英给妈妈买了礼物。妈妈的生日快到了。

_____

(5) 福兰克参加了武术俱乐部。他特别喜欢中国功夫。

_____

(6) 房间里很暖和。他开了空调。

_____

4. 用"或者"改写句子。Rewrite the following sentences with "huòzhě".
(1) 美珍去办公室领申请表。贝迪去办公室领申请表。

_____

(2) 你可以选修书法。你可以选修太极拳。

_____

(3) 你可以坐高铁去南京。你可以坐汽车去南京。

_____

(4) 你可以上午到办公室找我。你可以下午到办公室找我。

_____

(5) 你中午可以吃面条儿。你中午可以吃饺子。

_____

(6) 周末你可以在宿舍休息。周末你可以去操场运动。

_____

5. 用"难怪"完成句子。Rewrite the following sentences with "nánguài".
(1) 泰英每天坚持写字练习。她的汉字写得很好。

_____

(2) 福兰克花了很长时间练习武术。他表演得很成功。

_____

(3) 福田经常看生词表,每天都复习。他汉语学得好。

_____

(4) 弟弟踢了一下午的足球。他累坏了。

_____

(5) 爱琳打算去旅行。她在收拾东西。

_____

(6) 操场上正在进行篮球比赛。人山人海,非常热闹。

_____

6. 完成下列对话。Finish the following dialogue.

王　刚：桥本,日本的天气_____?

桥　本：和中国_____,四季分明。夏天_____,冬天_____。

王　刚：你最喜欢什么_____?

桥　本：我最喜欢春季,因为春季天气_____,草变_____

　　　　了,花也开了。

王　刚：春天有时会下小雨,而且_____好几天,让人不舒服。

桥　本：是的,不过春天下雨好。夏天的雨太大,让人_____。

王　刚：_____是台风带来的雨。

(二) 课后习题　After-class practice

1. 根据情景选用词语会话。Talk with your classmates with words given below according to different situation.

(1) 和你的同学谈一谈你家乡的天气。

Talk about the weather in your hometown.

> 春天　夏天　秋天　冬天　温暖　热　暖和　寒冷　潮湿
> 四季分明　下雨　下雪　风　温度　气温

(2) 和你的同学谈一谈你喜欢的着装。

Talk about the dressing style you like.

> 衣服　运动服　运动鞋　毛衣　外套　牛仔裤　裙子

2. 说一说。Free talk.

说一说你最喜欢的季节。

Have a free talk about your favorite season.

五、扩展 训练 Expansion drill

（一）生词 New words

1. Àodàlìyà	澳大利亚	名	Australia
2. huán	环	动	to surround, to encircle
3. zhěng	整	动、形	to put in order, whole, complete
4. kuàng	矿	名	mine, ore
5. kuàngchē	矿车	名	mine car, tramcar
6. bèi	背	名	back
7. xiāngfǎn	相反	形	opposite
8. zhíwù	植物	名	plant, flora, botany
9. bówùguǎn	博物馆	名	museum
10. chángnián	常年	名	the whole year
11. céngjīng	曾经	副	once
12. zhǔbàn	主办	动	to host, to sponsor
13. yímín	移民	名	migrant
14. dūshì	都市	名	city, urban
15. huà	化	尾	– ize
16. chéng	城	名	city
17. shì	市	名	city, municipality
18. chéngshì	城市	名	city

（二）边听边看　Listen and read

Australia, officially the Commonwealth of Australia, is an advanced capitalist country. Encircled by the sea, Australia is the only country that occupies the whole continent in the world. Australia is the most developed country in the south hemisphere, with the reputation of "a country on the mine car" and "a country on the sheep's back". The northern part of Australia has the tropical climate while the southern part has the temperate climate, both of which have opposite seasons of China.

Àodàlìyà, quánchēng Àodàlìyà liánbāng, shì yī gè
澳大利亚，全称澳大利亚联邦，是一个
fādá de zīběnzhǔyì guójiā. Àodàlìyà sì miàn huán hǎi,
发达的资本主义国家。澳大利亚四面环海，
shì shìjiè shàng wéiyī yī gè guótǔ fùgài zhěng gè dà lù
是世界上唯一一个国土覆盖整个大陆
de guójiā. Àodàlìyà shì nánbànqiú jīngjì zuì fādá de
的国家。澳大利亚是南半球经济最发达的
guójiā, bèi chēngwéi "zuò zài kuàngchē shàng de guójiā"
国家，被称为"坐在矿车上的国家"
hé "qí zài yáng bèi shàng de guójiā". Àodàlìyà kuà
和"骑在羊背上的国家"。澳大利亚跨
liǎng gè qìhòudài, běibù shǔ yú rèdài qìhòu, nánbù shì
两个气候带，北部属于热带气候，南部是
wēndài qìhòu, jìjié yǔ Zhōngguó xiāngfǎn.
温带气候，季节与中国相反。

（三）边看边读　Read Aloud

Australia, with many peculiar flora and fauna, is regarded as "museum of living fossil in the world". Emu, koala, platypus, kangaroo are all peculiar animals in Australia. Australia is a sports power, holding several worldwide sports events every year. Summer Olympics was held in Australia twice. Australia is also a country of immigrants with multi-cultures. Australia is highly urbanized and several cities are regarded as the most suitable for living in the world.

Àodàlìyà yōngyǒu hěnduō zìjǐ tè yǒu de dòng zhí
澳大利亚拥有很多自己特有的动植
wù, bèi chēngwéi "shìjiè huóhuàshí bówùguǎn". Érmiáo,
物，被称为"世界活化石博物馆"。鸸鹋、
shùdàixióng, yā zuǐshòu, dàishǔ dōu shì Àodàlìyà tè yǒu
树袋熊、鸭嘴兽、袋鼠都是澳大利亚特有
de dòngwù. Àodàlìyà shì tǐyù qiáng guó, cháng nián
的动物。澳大利亚是体育强国，常年
jǔ bàn quánqiú duōxiàng tǐ yù shèngshì, céngjīng liǎng cì
举办全球多项体育盛事，曾经两次
zhǔbàn xiàjì Àoyùnhuì. Àodàlìyà shì yī gè yímín guó
主办夏季奥运会。澳大利亚是一个移民国
jiā, fèngxíng duō yuán wénhuà, rénkǒu gāo dù dū shì huà,
家，奉行多元文化，人口高度都市化，
quánguó duōgè chéngshì bèi píngwéi shìjiè shàng zuì shìyí
全国多个城市被评为世界上最适宜
jūzhù de dìfang.
居住的地方。

单 元 复 习（三）
Review

一、便利的生活

1. 银行

   我要办一张银行卡。

   我要存 2000 元人民币。

   我想取 1000 美元。

   我想换 1000 欧元。

   我想把日元换成人民币。

2. 邮局

   我想寄个快递到上海。

   我寄挂号信。

   我取包裹。

3. 电信营业厅

   我的手机停机了。

   我想开通校园网。

   我想办理上网业务。

4. 练习

   （1）角色扮演：模仿银行工作人员和顾客的对话。

   （2）说一说手机在你生活中的作用。

二、填写申请表

1. 申请表

   网上在线申请

   纸质表格的填写

   材料的复印件

   照片

2. 学习填写

姓		名		照片
性别		国籍		
出生日期		护照号码		
所在院校				
留学生类别 □ 博士研究生 □ 硕士研究生 □ 本科生 □ 进修生				
所学专业				
通信地址及联系方式				

三、表扬和建议

1. 进行表扬

真好！

真棒！

（某人）+（动词）+得+（褒义形容词）

太好了！

好极了！

真了不起！

比不上/没人比得上！

2. 提出建议

我建议……

我们最好……

……，好吗？/行吗？

我们是不是……

能不能……

……，怎么样？

你看这样，……行不行/好不好？

3. 比较

（1）比一比中国和你所在的国家进行表扬时有何异同。

（2）比一比中国和你所在的国家提出建议时有何异同。

4. 练习

(1) 说一说你最佩服的一个人。

(2) 请给刚到中国学习的留学生一些学习汉语的建议。

四、季节和气候

1. 四季的特点

春夏秋冬

冬暖夏凉

四季如春

冬寒夏热

2. 比较

(1) 比一比你现在所在城市和中国的哈尔滨、广州的气候差异。

(2) 比一比炎热的夏季和寒冷的冬季的着装特点。

3. 练习

(1) 描述下面四幅图,并说说每幅图各是什么季节和这个季节主要的景物。

(2) 说说下列标志的意义。

听 力 文 本
Tape script

第一课

1

田丽丽：你好！

美　珍：你好！

田丽丽：我叫田丽丽，你叫什么名字？

美　珍：我叫 Maisie。我的中文名字叫美珍。

田丽丽：你是哪国人？

美　珍：我是美国人。你是中国人吗？

田丽丽：对，我是中国人。

美　珍：很高兴认识你。

田丽丽：我也很高兴认识你。

2

王　刚：早上好！

田丽丽：早上好！

王　刚：丽丽，她是谁？

田丽丽：她叫美珍，是留学生。美珍，他是王刚。

王　刚：你好，很高兴认识你。

美　珍：你好，我也很高兴认识你。

王　刚：美珍，你是英国人吗？

美　珍：不是，我是美国人。

3

福兰克：你好！你是老师吗？

汪老师：是的，我是老师。

福兰克：老师，您贵姓？

汪老师：我姓汪，是你们的听说课老师。

福兰克：汪老师，您好。我叫福兰克。

汪老师：福兰克,你是哪国人?

福兰克：我是加拿大人。

汪老师：在中国学习习惯吗?

福兰克：还不太习惯。

第二课

1

爱　琳：你好,田丽丽。我想去买些东西。

田丽丽：你想买什么东西?

爱　琳：我想买牙膏、牙刷,还有一些生活用品。

田丽丽：那去学友超市吧。

爱　琳：学友超市在哪儿?

田丽丽：在学校大门对面。

爱　琳：谢谢你!

田丽丽：不客气。

2

(在超市)

营业员：你好! 你需要什么?

爱　琳：请问牙膏和牙刷在哪儿?

营业员：请一直往前走。

爱　琳：我还要买洗面奶和香皂。它们在哪儿呢?

营业员：在牙膏的旁边。

爱　琳：谢谢!

3

美　珍：你今天去哪儿了?

爱　琳：我去超市了。

美　珍：买了什么?

爱　琳：买了牙膏、牙刷和洗面奶。

美　珍：打折了吗?

爱　琳：没有,但是送了我一支小牙膏。

美　珍：真不错呀。

第三课

1

田丽丽：爱琳，你怎么这么没精神？

爱　琳：哦，晚上没睡好。

田丽丽：怎么了？

爱　琳：宿舍里太热了。

田丽丽：怎么不开空调呢？

爱　琳：空调坏了。

田丽丽：哦，你可以向管理员报修，他会请人来修理的。

爱　琳：已经报修了，希望今天能修好。

田丽丽：是啊。这样你就能睡个好觉了。

2

贝　迪：明天休息。我们去南京玩儿吧？

美　珍：好啊！

贝　迪：咱们怎么去呢？

美　珍：坐高铁吧，高铁又快又舒服。

贝　迪：好！我们现在去买票。

3

美　珍：我们到夫子庙。怎么去呢？

贝　迪：我这儿有地图，一起看看。

美　珍：好。可以坐公共汽车，也可以坐地铁。

贝　迪：公共汽车要等红灯，而且容易堵车。

美　珍：是的，还是坐地铁吧，又快又方便。

贝　迪：好，听你的。

第四课

1

韩泰英：美珍，今天几号？

美　珍：今天9月15号。

韩泰英：哦，还有十天是我妈妈的生日。

美　珍：9月25号？

韩泰英：对。

美　珍：巧了,我的生日也是 25 号。

韩泰英：真的?! 几月?

美　珍：6 月。你给妈妈买礼物了吗?

韩泰英：我马上就去买。

2

安德烈：福兰克,你有汪老师的电话吗?

福兰克：好像有,等我找找看。

福兰克：哦,找到了。

安德烈：是多少?

福兰克：是 87096576。

安德烈：谢谢! ……汪老师没有接电话。

福兰克：会不会汪老师在上课?

安德烈：有可能。我等会儿再打。

3

爱　琳：贝迪,现在几点了?

贝　迪：三点。

爱　琳：糟糕,我要迟到了。

贝　迪：怎么了?

爱　琳：我和林老师约好三点十五到她办公室,只有十五分钟了。

贝　迪：走路去就要迟到了。你骑我的自行车去吧。

爱　琳：你下午不出去吗?

贝　迪：不出去,晚上七点才有课。

爱　琳：好,谢谢你。我和老师说完就回来,最多一个小时。

贝　迪：注意安全。

第五课

1

爱　琳：美珍,我们今天去西山食堂吃饭吧。

美　珍：好啊,西山食堂的菜很好吃。

爱　琳：是啊,我最喜欢吃西红柿炒鸡蛋,酸酸甜甜的,很好吃。

美　珍：我也喜欢。我还喜欢麻婆豆腐。

爱　琳：麻婆豆腐太辣了,我喜欢吃酸酸甜甜的。

美　珍：那就点糖醋里脊,又酸又甜,你一定喜欢。

爱　琳：恩,食堂的面条也很好吃。

美　珍：对,还有饺子、蛋炒饭,味道都不错。

爱　琳：那我们快走吧,去晚了就没有座位了。

美　珍：好,我们走。

2

(小饭店内)

安德烈：来吃早饭的人真多啊!

福兰克：是啊。我们先点餐吧!

安德烈：好。我要一碗面条,白汤面。

福兰克：我要吃包子。

安德烈：我也来一只包子。

福兰克：我还想吃虾饺。

安德烈：好吃吗?

福兰克：太好吃啦! 你也尝尝。

安德烈：那就不要包子了,我也来一只虾饺尝尝。

福兰克：那就点一碗白汤面,三只虾饺,两只菜包子。

安德烈：好,就这么说。服务员,点餐。

3

田丽丽：泰英,马上就是中国的中秋节了,我们班上的同学想请你们一起
　　　　聚聚。

韩泰英：好啊,就在中秋节那天晚上吗?

田丽丽：恩,我们会准备一些月饼和水果。

韩泰英：好,我们可以一边吃一边赏月。

田丽丽：对,也请你准备一个节目哦。

韩泰英：没问题,唱歌跳舞都可以。

田丽丽：我们还准备了一些小游戏。

韩泰英：那一定很有意思。

田丽丽：好,就这么说定了。中秋节前一天我会再给你打电话的。

第六课

1

王　刚：国庆长假快到了,你打算做什么?

福兰克：这样的天气不冷不热,我打算去旅行。

王　刚：打算去哪儿？

福兰克：还没想好。我想去看看自然风景，安德烈想去参观人文景点。

王　刚：就你们俩一起去吗？

福兰克：是的，桥本和福田去上海看同学。

王　刚：你们打算去几天？

福兰克：两三天吧。

王　刚：那就不能去太远的地方了。

福兰克：是的。

王　刚：那就去苏州吧。苏州的园林既有自然美，又有人文美。

福兰克：好，谢谢你！我去和安德烈讨论一下。

2

（火车预售点）

售票员：你好！要买去哪儿的票？

安德烈：你好！去苏州。买两张明天早上去苏州的票。

售票员：对不起！已经没有了。

安德烈：啊！怎么办？

售票员：还有明天下午和后天的票。

安德烈：那我们买两张后天早上的票。

售票员：好的。还要买回来的票吗？

安德烈：可以这样吗？太好啦！那就买两张三号早上去苏州的票。再买两张五号下午回来的票。

售票员：好的。四张票一共是360元。

安德烈：给您400元。

售票员：好，找您40元，这是四张车票。请拿好了。

安德烈：好的，谢谢！

3

桥　本：听说你假期打算去苏州旅行啊。

安德烈：是的，我和福兰克一起去。

桥　本：是自己去还是跟旅行团呢？

安德烈：自己去。

桥　本：啊，你们的汉语真好，可以自己去旅行了。

安德烈：马马虎虎吧。听说你和福田要去上海？

桥　本：是的，我们一起去上海看老同学。

安德烈：你们坐火车去吗？

桥　本：是的,坐火车很快,动车只要一个半小时就到了。

安德烈：真快啊。车票很难买吧？

桥　本：不难买,在网上买的,很方便。返程票也一起买到了。

安德烈：我是去预售点买的,回来的票也买好了。

第七课

1

(爱琳的朋友从南京来看她)

朋　友：哇,你们的学校真大呀！

爱　琳：是啊,这里是教学区。你看,这几栋都是教学楼。

朋　友：左边那栋是什么楼？

爱　琳：那是图书馆,我们最喜欢去的地方。

朋　友：看起来真不错。

爱　琳：往前走就到生活区了。看,右边是操场。

朋　友：真热闹！很多人在运动啊。

爱　琳：我们下课后也经常来,有时候还和中国同学一起打个比赛呢！

朋　友：真好,我也想参加呢。

爱　琳：欢迎啊！

朋　友：你们校园真美,到处是花草树木。

爱　琳：是啊,你闻闻,空气中还有桂花香呢。

朋　友：真香啊！

爱　琳：我住的宿舍到了。我住在10楼,我们上楼吧。

2

朋　友：你现在的课多不多？

爱　琳：有点儿多,主要是语言课。

朋　友：一天有几节课？

爱　琳：有时是六节课,有时是四节课。

朋　友：晚上有课吗？

爱　琳：晚上没有。我给你看看我的课表。

朋　友：有听说课、读写课、综合课,还有中国文化课。你觉得难吗？

爱　琳：刚开始觉得有一点点困难,现在好多了。

朋　友：认真学会越来越好的。

爱　　琳：是的。我们的老师也很好,她总是鼓励我。

朋　　友：嗯,继续努力啊!

3

贝　　迪：林老师,我们有选修课吗?

林老师：有啊,下个月就要开始上了。

贝　　迪：都有些什么课呢?

林老师：有太极拳、书法、中国画、舞蹈和武术。

贝　　迪：太好了,什么时候开始报名?

林老师：现在就可以。

贝　　迪：每人可以报几门?

林老师：两门。

贝　　迪：收费吗?

林老师：不收,这些都是免费的。

第八课

1

韩泰英：到中国两个多月了,真想念爸爸妈妈呀!

田丽丽：是啊。你家有几口人?

韩泰英：我家人多,爷爷、奶奶、爸爸、妈妈、哥哥和妹妹,一共七口人。

田丽丽：哇,真是个大家庭!

韩泰英：要是节日聚会,叔叔和姑姑家也一起参加,那才人多呢!

田丽丽：真是羡慕! 我没有哥哥,也没有妹妹,家里只有我一个孩子。

韩泰英：很多中国家庭都只有一个孩子,多孤单啊!

田丽丽：爸爸妈妈不在家的时候,我总是一个人,所以我交了很多朋友。

韩泰英：让我也成为你的朋友吧!

田丽丽：那太好啦! 谢谢!

2

韩泰英：丽丽,你在家做家务吗?

田丽丽：有时候做一点儿,主要是妈妈和爸爸做。

韩泰英：爸爸也做家务吗?

田丽丽：是啊,妈妈买菜烧饭,爸爸就打扫卫生。

韩泰英：真好! 在韩国,爸爸是不做家务的。

田丽丽：妈妈也要上班,如果爸爸不帮忙的话,妈妈就太辛苦了。

韩泰英：你会做什么？

田丽丽：我会洗菜、洗碗，还会收拾房间。

韩泰英：真是妈妈的好帮手！

3

福兰克：安德烈，这个周末你打算干什么？

安德烈：白天去图书馆看看书，晚上去"周末小剧场"。

福兰克：这周"周末小剧场"表演什么内容？

安德烈：海报上说是戏曲表演。你去吗？

福兰克：我不喜欢听戏曲，不去了。

安德烈：那你打算干什么？

福兰克：下午去踢足球，晚上就在宿舍看看书，休息休息。

安德烈：你和谁去踢足球？

福兰克：和刚认识的中国学生。

第九课

1

（在银行）

柜　员：您好！需要办理什么业务？

桥　本：您好！我想办一张银行卡。

柜　员：好的。请您把这张表格填写一下。

桥　本：填好了，给。

柜　员：请把您的身份证给我，我需要核对一下。

桥　本：我是外国人。这是我的护照。

柜　员：好。请在这里签上你的名字。

（密码机：请输入密码。）

柜　员：办好了。

桥　本：请问现在可以在卡上存钱吗？

柜　员：可以的。您要存多少？

桥　本：存1000元。

柜　员：存好了。这是您的护照和银行卡。请收好。慢走。

桥　本：谢谢！

2

（在邮局）

营业员：您好！请问您办理什么业务？

安德烈：我要邮寄包裹。

营业员：寄到哪儿？

安德烈：到上海。

营业员：您是寄普通包裹还是快递？

安德烈：有什么不同？

营业员：普通包裹便宜，但是速度慢，快递有点儿贵，但是速度快。

安德烈：普通包裹从这里到上海要几天？

营业员：两三天吧。快递只要一天。

安德烈：我寄的东西不急，就寄普通包裹吧。

营业员：好，请填写单子。别忘了留下电话号码和签名。

安德烈：好。多少钱？

营业员：我来称个重量。一共8块钱。

安德烈：给你钱。谢谢！

3

（电信营业厅）

营业员：你好！请问你需要办理什么业务？

福兰克：我的手机停机了，可能是没钱了。

营业员：我帮你查一下。是的，你的手机已经没有话费了。

福兰克：哦，那先充100吧。

营业员：好，充值100元。

福兰克：话费用得好快啊！

营业员：我帮你看看。

营业员：你平时电话打得多，短信少，有时还上网。

福兰克：是的，我会给同学打电话。

营业员：那你加入校园网吧，同学之间打电话是免费的。

福兰克：真的吗？太好了！

营业员：那我帮你开通了。你还可以每月包个流量，这样也省钱。

福兰克：好，请帮我一起都开通吧。

第十课

1

韩泰英：刘老师,我们要参加"汉语水平考试"吗?

刘老师：要啊,等大家的汉语水平再提高一点儿就可以参加了。

韩泰英："汉语水平考试"难不难?

刘老师：有一点儿。不过是分等级的,你可以选择适合自己水平的等级考试。

韩泰英：哦,这样啊。那有口语考试吗?

刘老师：有的。不过口试和笔试是分开的。

韩泰英：口试也分等级吗?

刘老师：对,笔试部分分一到六级,口试部分只有初级、中级和高级。

韩泰英：笔试部分考什么内容呢?

刘老师：考听力、阅读和书写。

2

爱　琳：明年的"校长奖学金"申请开始了。

贝　迪：我们也可以申请吗?

爱　琳：是的,只要符合条件,就可以申请。你看,我从网上下载的申请表。

贝　迪："外国留学生奖学金申请表",你已经填好了?

爱　琳：对,还要准备其他材料。

贝　迪：需要什么材料呢?

爱　琳：学习证明、成绩单,还有学习计划。

贝　迪：都要用中文写呢。

爱　琳：嗯,一定要好好学习,才能申请到奖学金啊。

贝　迪：申请表和材料在 12 月 15 号之前就要交了,你得赶紧准备。

爱　琳：好,我这就开始。

3

桥　本：刘老师,我想报名参加一月份的"汉语水平考试"。

刘老师：好的,我们来看一下。

桥　本：考试时间是第二个周末,1 月 11 号。

刘老师：你选择纸笔考试还是网络考试呢?

桥　本：我选纸笔考试。

刘老师：好的,你先要上网进行注册登记。

桥　本：上什么网?

刘老师：汉语考试服务网。

桥　本：然后呢? 还需要什么材料吗?

刘老师：还需要提供护照复印件两份和一寸照片两张。

桥　本：好的,我明天来交。

第十一课

1

美　珍：泰英,你汉语学得真好!

韩泰英：马马虎虎吧!

美　珍：你学了多长时间了?

韩泰英：学了两年了,我认识很多字,但是说得不好。

美　珍：嗯,我也是,说得不太好。不过,你的汉字写得很好,班上没人比得上。

韩泰英：汉字要经常练习。我每天都坚持写字练习。

美　珍：你真厉害,能每天坚持?

韩泰英：嗯,你也可以的,我们一起努力!

美　珍：好的! 我们都是好学生!

2

桥　本：福田,能把你的课堂笔记借给我看一下吗?

福　田：好,等一下。给你。

桥　本：谢谢! 你的课堂笔记写得真好,又认真又清楚!

福　田：这样课后复习很方便。

桥　本：是的。但是我经常有字不会写,所以笔记记得不多。

福　田：我以前也是。现在我经常看生词表,每天都复习,进步很快呢。

桥　本：你真了不起! 我要向你学习。你有什么建议呢?

福　田：这样吧,要不你先定一个学习计划?

桥　本：好!

3

安德烈：福兰克,圣诞节快到了。

福兰克：是啊。我们怎么庆祝呢?

安德烈：很多中国人也开始庆祝圣诞节了。我建议我们邀请中国同学一
　　　　起过圣诞吧。

福兰克：好主意！

安德烈：要不我们在班级举行一个小的圣诞晚会？

福兰克：好！我们买棵圣诞树，装饰一下。

安德烈：我们也邀请老师一起参加，行不行？

福兰克：行啊，我们明天就去请。

第十二课

1

爱　琳：今天好冷啊！

贝　迪：是啊，听说今天的最低气温是零下5度呢。

爱　琳：这么低！我都不敢出去了。现在室内温度是多少？

贝　迪：12度。外面风大，温度肯定更低。

爱　琳：会下雪吗？

贝　迪：有可能。这里冬天经常下雪。

爱　琳：下雪我们就出去玩雪，可以堆雪人、打雪仗。

贝　迪：听起来不错啊！我来看看天气预报。

爱　琳：会下雪吗？

贝　迪：今天夜里到明天有雪，雪量不大。

爱　琳：哦，那就玩不起来了。

2

美　珍：福田，你家乡的气候怎么样？

福　田：很好啊，四季分明，就是夏天太热了。

美　珍：夏天非常热吗？

福　田：是啊。经常有超过35度的高温天气，而且一连好几天。

美　珍：哇！太热了，我最怕热。夏季一般从几月到几月呢？

福　田：一般从6月到9月，不过7月和8月最热。

美　珍：会经常下雨吗？

福　田：会的。夏天也经常有台风，台风来了，就要下大雨。

美　珍：那就会凉快一点儿。

福　田：是的，不过台风也让人害怕呢。

美　珍：嗯，风大雨也大。

3

田丽丽：泰英，你最喜欢什么季节？

韩泰英：春天和秋天。

田丽丽：为什么呀？

韩泰英：因为天气不冷不热，我们可以穿最漂亮的衣服。

田丽丽：是的。冬天太冷，穿得跟球一样，夏天太热，老是出汗。

韩泰英：所以春秋天最好。

田丽丽：春秋天你喜欢穿什么样的衣服？

韩泰英：我最喜欢穿裙子，长裙、短裙、连衣裙，都是我的最爱。

田丽丽：我也是。不过平时上学，我还是喜欢穿牛仔裤，方便。

韩泰英：牛仔裤配上板鞋，或者运动鞋，都不错啊，我也很喜欢。

参考答案
Reference answer

第一课

听力部分

1. (1) × 　(2) ✓ 　(3) × 　(4) ✓

2. (1) A 　(2) B 　(3) B

3. (1) 汪。 　(2) 听说课。 　(3) 加拿大人。 　(4) 不太习惯。

口语部分

1. 互相;韩国;日本;美国;加拿大;老师;教;学习怎么样;马马虎虎。

2. (1) A 　(2) C 　(3) B 　(4) A

听说实践

4. (1) 什么 　(2) 哪 　(3) 认识 　(4) 留学生;学习 　(5) 怎么样;忙
　　(6) 电话 　(7) 上课 　(8) 介绍

6. 你好;名字;你呢;留学生;是的;哪国;是;高兴;也

第二课

听力部分

1. (1) A 　(2) A 　(3) B

2. (1) × 　(2) ✓ 　(3) ×

3. (1) 去超市了。 　(2) 买了牙膏、牙刷和洗面奶。 　(3) 没有。
　　(4) 送了一支小牙膏给她。

口语部分

1. (1) 去联华商店。 　(2) 买衣服和运动鞋。 　(3) 很便宜。
　　(4) 因为这个月有大甩卖。 　(5) 也去联华商店看看。

2. 桥本;商店;衣服;也;还;运动鞋;去看看。

听说实践

2. （1）也；都　（2）买　（3）学校　（4）便宜　（5）一起　（6）哪儿
（7）什么　（8）还

6. 我想；也；什么；生活；买；但是；一起

第三课

听力部分

1. （1）A　（2）C　（3）B　（4）B　（5）B

2. （1）×　（2）×　（3）✓　（4）×

3. （1）夫子庙。　（2）可以坐公共汽车,也可以坐地铁。
（3）坐地铁快。公共汽车要等红灯,而且容易堵车。　（4）坐地铁。

口语部分

1. （1）他想请管理员帮他换个房间。　（2）房间没有问题。　（3）舍友的生
活习惯和他不太一样。　（4）桥本下午喜欢学习。　（5）最近帮他换。

2. 明天；问；公共汽车；前门；换；下；不远；可以；自行车；方便。

听说实践

2. （1）怎么　（2）热；开　（3）玩儿　（4）舒服　（5）又；又　（6）问
（7）坐；骑　（8）喜欢

6. 哪儿；去；怎么；坐高铁；也可以；又；又；公共汽车。

第四课

听力部分

1. （1）A　（2）B　（3）C

2. （1）×　（2）✓　（3）×　（4）✓　（5）✓　（6）×

3. （1）三点。　（2）三点十五。　（3）到林老师办公室。
（4）骑自行车去。　（5）有课。七点。　（6）最晚四点十五。

口语部分

1. （1）一条丝巾。　（2）68元。　（3）太贵了。　（4）玩具熊猫是给
妹妹的生日礼物。　（5）10月。　（6）都是6月。

2. 忙；有；十二点；比赛；留学生；三点；朋友；英语；意思。

听说实践

3. （1）分钟　（2）几　（3）注意　（4）好看　（5）什么　（6）觉得
（7）礼物　（8）比赛

5. 双;个;节;件;个;个;元;条;支。

7. 礼物;电话;接;是不是;可能;再。

第五课

听力部分

1. (1) √　(2) √　(3) ×　(4) ×　(5) √　(6) √

2. (1) A　(2) C　(3) A

3. (1) 中秋节。　(2) 一起聚聚。　(3) 中秋节那天晚上。

(4) 一些月饼盒水果。　(5) 一边吃月饼,一边赏月。

(6) 准备一个节目。　(7) 中秋节前一天。

口语部分

1. (1) 菜的味道好,而且不贵。　(2) 先买饭。　(3) 找到了。

(4) 是的。　(5) 美珍用得不好,经常夹不住菜。爱琳用得好多了。

(6) 以前不喜欢,现在喜欢。

2. 中秋;难忘;得到;数字;不但;还;意思;高兴;唱;给;告诉;愉快。

听说实践

2. (1) 好吃　(2) 一定　(3) 座位　(4) 面条　(5) 唱歌;跳舞

(6) 以前;现在　(7) 不但;而且　(8) 告诉

6. 吃饭;饭店;去;什么;喜欢;以前;现在。

第六课

听力部分

1. (1) C　(2) A　(3) C　(4) A　(5) A

2. (1) √　(2) ×　(3) ×　(4) √　(5) ×　(6) √　(7) ×

3. (1) 旅行。　(2) 自己去。　(3) 福田和桥本打算去上海。去看老同学。　(4) 坐火车去。只要一个半小时。　(5) 车票好买。　(6) 桥本是在网上买的票,安德烈是在预售点买的。

口语部分

1. (1) 玩得很好,但是人太多。　(2) 人很多,每个景点都是人山人海。

(3) 很美。　(4) 苏州的园林,虎丘,寒山寺。　(5) 吃了很多。

(6) 松子糖。

2. 日本;已经;努力;进步;中文;参观;动物;孩子。

听说实践

2.（1）打算　（2）天气　（3）旅行　（4）参观　（5）既；又　（6）除了
（7）有名　（8）努力

6. 打算；休息；觉得；可以；哪儿；地方；怎么；买票。

第七课

听力部分

1.（1）B　（2）A　（3）C　（4）A　（5）C　（6）A

2.（1）×　（2）✓　（3）×　（4）✓　（5）×　（6）✓

3.（1）下个月。　（2）有太极拳、书法、中国画、舞蹈和武术。
（3）现在就可以。　（4）两门。　（5）不收费,是免费的。

口语部分

1.（1）很好。学校很大,绿化很好,环境也很美。　（2）有些人喜欢乱丢垃
圾。　（3）很方便。学校里有书店、理发店、邮局、银行。　（4）可以。图
书馆和教室。　（5）有。有"相约星期六"和"周末小剧场"活动。

2. 开始；武术；喜欢；一样；毛笔字；不错；有意思。

听说实践

2.（1）图书馆　（2）热闹　（3）有时候　（4）到处　（5）住　（6）印象
（7）困难；意思　（8）丰富

6. 环境；到处；这里；有时候；丢垃圾；习惯；少数人；总的来说；银行。

第八课

听力部分

1.（1）B　（2）A　（3）C　（4）A　（5）C

2.（1）×　（2）×　（3）×　（4）✓　（5）✓

3.（1）白天去图书馆看看书,晚上去"周末小剧场"。　（2）戏曲表演。
（3）不去。不喜欢戏剧。　（4）下午去踢球,晚上在宿舍看看书,休息
休息。　（5）和刚认识的中国学生。

口语部分

1.（1）做家务活儿。打扫房间、做饭、修剪草坪、修理电器。　（2）不是。
（3）很少。　（4）妈妈做。

2. 表演；好看；京剧；故事；踢；先；进行；输。

听说实践

2.（1）家庭　（2）交　（3）打扫　（4）辛苦　（5）打；踢　（6）上班

(7) 厉害　(8) 进行

6. 打算;忙;打扫;一起;洗;开始;学习。

第九课

听力部分

1. (1) ✓　(2) ×　(3) ×　(4) ✓　(5) ✓　(6) ×

2. (1) A　(2) B　(3) A　(4) C　(5) B　(6) A

3. (1) 停机了。可能是没钱了。　(2) 充了,100 元。　(3) 不可以。
(4) 打电话。　(5) 加入校园网。因为同学之间打电话是免费的。
(6) 每个月包了流量。

口语部分

1. (1) 银行卡。　(2) 不麻烦。带上护照和钱。　(3) 出门不要带现
金,又方便又安全。　(4) 对。

2. 毛衣;红色的;贵;厚实;暖和;试试;小;合适;颜色;漂亮;红色。

听说实践

2. (1) 张　(2) 填　(3) 寄　(4) 从;到　(5) 号码　(6) 平时
(7) 安全　(8) 穿　(9)合适　(10)颜色

6. 没;包;钱;什么;之间;真的吗;开通了;少。

第十课

听力部分

1. (1) B　(2) C　(3) A　(4) B　(5) A

2. (1) ×　(2) ×　(3) ×　(4) ×　(5) ✓　(6) ×

3. (1) 第二个周末,1 月 11 日。　(2) 可以选择纸笔考试,也可以选择
网络考试。纸笔考试。　(3) 上网注册登记。　(4) 护照复印件两张
和一寸照片两张。　(5) 明天。

口语部分

1. (1) 学校武术俱乐部开始报名了。　(2) 喜欢。　(3) 先要填写申请
表。　(4) 不可以。还要参加面试。　(5) 把已经学的武术动作表演
一下。　(6) 再好好练练。

2. 考试;担心;应该;分开;一月;目的;认真。

听说实践

2. (1) 提高　(2) 选择　(3) 材料　(4) 只有　(5) 赶紧　(6) 领;填

（7）成功   （8）报名

6. 时候;周末;还是;选择;怎么样;觉得;问题;练习。

第十一课

听力部分

1. （1）A   （2）B   （3）C   （4）B

2. （1）✓   （2）✓   （3）✓   （4）×   （5）×   （6）✓

3. （1）圣诞节。   （2）举行一个圣诞晚会。   （3）买棵圣诞树,装饰一下。   （4）邀请老师。   （5）明天。

口语部分

1. （1）有朗读、学习生词、听录音、练习汉字。   （2）上课前要预习。（3）多和中国人聊天儿。   （4）既可以练习听,又可以练习说,一举两得。   （5）老师会找他,批评他。

2. 特别;晚会;表演;庆祝;花;练习;极了;跳;唱了歌,比得上。

听说实践

2. （1）比   （2）坚持   （3）笔记   （4）借   （5）复习   （6）庆祝（7）预习   （8）完成

6. 很;忙;预习;复习;听力;汉字;提高。

第十二课

听力部分

1. （1）C   （2）A   （3）A   （4）B   （5）A

2. （1）×   （2）×   （3）✓   （4）×   （5）×   （6）✓

3. （1）春天和秋天。天气不冷不热,可以穿漂亮的衣服。   （2）冬天太冷,夏天太热。   （3）裙子。   （4）牛仔裤。

口语部分

1. （1）可能会下雨。   （2）带雨伞。   （3）又潮湿又寒冷。不喜欢。（4）踢足球。看来踢不成了。   （5）阳光灿烂的日子。

2. 毛衣;紧;漂亮;宽松;好看;颜色;全羊毛的;舒服;暖和;合适;合身。

听说实践

1. （1）低   （2）下雪   （3）超过   （4）凉快   （5）秋天   （6）记;伞（7）温暖   （8）寒冷

6. 怎么样;差不多;炎热;寒冷;季节;温暖;绿;一连;害怕;一定。

词 汇 表
Glossary

（一）课文内生词

A	ài	爱	动、名	to love	12
	àiqíng	爱情	名	love, affection	8
	ānquán	安全	形、名	safe, secured	9
B	bǎ	把	量、介	a handful of	9
	bàba	爸爸	名	dad, father	6
	bái	白	形	white	9
	bān	班	名、量	class	5
	bàn	办	动	to order, to handle	9
	bàngōngshì	办公室	名	office	4
	bāng	帮	动	to help	3
	bāngmáng	帮忙	动	to help	8
	bàng	棒	形	excellent	11
	bāo	包	动、名、量	to wrap, monthly fee, bag	9
	bāoguǒ	包裹	名	parcel	9
	bāozi	包子	名	steamed stuffed bun	5
	bàomíng	报名	动	to sign up	10
	bǐ	笔	名	pen	7
	bǐ	比	介、动	than, to compare	11
	bǐsài	比赛	动、名	to compete, match, competition	4

B	bǐjì	笔记	名	note	11
	biàn	变	动	to change, to turn	8
	biànchéng	变成		to turn into, to change into	8
	biǎo	表	名	form, chart	9
	biǎoyǎn	表演	动、名	to perform, to act, play performance	8
	bié	别	副	not, never	9
	bǔ	补	动	to make up (examination)	10
	bǔchōng	补充	动	to supplement	11
	bù	不	副	no, not	1
	bùcuò	不错	形	good	2
	bùdàn	不但	连	not only	5
	bùfen	部分	名	part, section	10
	bùguò	不过	连	but, just	5
	bùrán	不然	连	otherwise	11
C	cái	才	副	just	4
	cáiliào	材料	名	material	10
	cài	菜	名	dish	5
	cānguān	参观	动	to visit	6
	cānjiā	参加	动	to join, to take part in, to attend	7
	cànlàn	灿烂	形	bright, splendid	12
	cāochǎng	操场	名	playground	7
	chá	查	动	to check, to examine, to investigate	9
	cháng	尝	动	to taste	5
	cháng	长	形	long	6
	chàng	唱	动	to sing	5

C	chāoguò	超过	动	to exceed, to surpass	12
	cháoshī	潮湿	形	moist, humid	12
	chēng	称	动	to weigh	9
	chénggōng	成功	动、形	to succeed, success	10
	chéngjì	成绩	名	score, result, mark	10
	chéngwéi	成为	动	to become	7
	chī	吃	动	to eat	5
	chídào	迟到	动	to be late	4
	chōng	充	动	to top up, to fill	9
	chū	出	动	to go out, to exceed	12
	chūjí	初级	形	elementary, primary	10
	chūmén	出门	动	to go out	12
	chūqù	出去	动	to go out	6
	chúle	除了	介	except	6
	chuān	穿	动	to wear, to put on	9
	chūntiān	春天	名	spring	12
	cóng	从	介	from	3
	cóng…dào…	从……到……		from…to…	9
	cún	存	动	to deposit, to save	9
D	dǎsǎo	打扫	动	to sweep, to clean	8
	dǎsuàn	打算	动	to plan, to intend	6
	dà	大	形	big, large	9
	dàjiā	大家	代	everyone, all	1
	dài	带	动	to take, to bring	6
	dānxīn	担心	动	to worry	10
	dāngrán	当然	形、副	certain, of course	8
	dào	到	动	to go to, to reach, to arrive	4

D	dàochù	到处	副	everywhere	7
	de	得	助动	（auxiliary verb）indicating complement	6
	dédào	得到	动	to get, to obtain	5
	dēngjì	登记	动	to register, to check in	10
	děng	等	动	to wait	4
	děngjí	等级	名	level, grade	10
	dī	低	形、动	low, to lower	12
	dì	第	头	auxiliary word for ordinal number	8
	dì	递	动	to give, to hand over	9
	dìdi	弟弟	名	younger brother	8
	dìfang	地方	名	place	6
	dìtiě	地铁	名	underground	3
	dì-yī	第一		first, No. 1	8
	diǎn	点	量	point, dot	4
	diǎn	点	动	to order dishes	5
	diǎn	点	名	o'clock	4
	diànhuà	电话	名	telephone	1
	dìng	定	动	to make（up one's mind）, to decide	11
	diū	丢	动	to throw, to lose	7
	dōngtiān	冬天	名	winter	9
	dōngxi	东西	名	thing, stuff	2
	dǒng	懂	动	understand	11
	dòngwù	动物	名	animal	6
	dòngzuò	动作	名	action, behavior, movement	10
	dōu	都	副	both, all	2

D	dú	读	动	to read	7
	dù	度	名、量	degree	12
	duǎn	短	形	short	12
	duànliàn	锻炼	动	to take exercise	3
	duī	堆	动	to pile up, to stack	12
	duì	对	形	correct, right	1
	duìbuqǐ	对不起	动	Excuse me. Sorry.	1
	duō	多	形	many, much	4
	duōshǎo	多少	代	how many, how much	4
E	érqiě	而且	连	not only…but also…	5
	èr	二	数	two	4
F	fāxiàn	发现	动	to find, to discover	7
	fàn	饭	名	food, meal	5
	fàndiàn	饭店	名	restaurant	5
	fāngbiàn	方便	形	convenient	3
	fángjiān	房间	名	room	3
	fēicháng	非常	副	very, very much	11
	fèi	费	名、动	fee, to cost	9
	fēn	分	动	to divide	10
	fēnzhōng	分钟	名	minute	4
	fēng	风	名	wind	12
	fēngfù	丰富	形	rich, abundant	7
	fēngjǐng	风景	名	scenery, landscape	6
	fúwù	服务	动	to serve	10
	fùxí	复习	动	to review	11
	fùyìn	复印	动	to copy, to duplicate	10

G	gǎn	敢	动	to dare	12
	gǎnjǐn	赶紧	副	in a hurry	10
	gǎnkuài	赶快	副	quickly, at once, in a hurry	10
	gǎnjué	感觉	动、名	to feel, feeling, sensation	12
	gāng	刚	副	just	7
	gāo	高	形	tall, high, advanced	10
	gāoxìng	高兴	形、副	glad, happy; happily, cheerfully	1
	gàosu	告诉	动	to tell	5
	gē	歌	名	song	5
	gēge	哥哥	名	elder brother	8
	gè	个	量	quantifier of number	4
	gěi	给	动	to give	1
	gēn	跟	介、连、动	with, to follow	4
	gēnběn	根本	名、形	foundation, root, basic, fundamental	10
	gèng	更	副	more, further	11
	gōnggòngqìchē	公共汽车	名	bus	3
	gōngyuán	公园	名	park	3
	gōngzuò	工作	动、名	to work, job	1
	gùshi	故事	名	story	8
	guānyú	关于	介	about, concerning	8
	guì	贵	形	expensive	4
	guó	国	名	country, nation	1
H	hái	还	副	also, still	2
	háizi	孩子	名	child, kid	6
	hàipà	害怕	动	to fear, to be afraid	7
	hánlěng	寒冷	形	frigid, chilly	12
	hàn	汗	名	sweat, perspiration	12

H	hǎo	好	形、副	good, well	1
	hǎochī	好吃	形	delicious	5
	hǎokàn	好看	形	good-looking, beautiful	4
	hǎoxiàng	好像	动	seem, as if	4
	hào	号	名	date, number	4
	hàomǎ	号码	名	number	9
	hé	和	连、介	with	5
	héshì	合适	形	suitable, appropriate	9
	hēi	黑	形	black	9
	hěn	很	副	very, very much	1
	hóng	红	形	red	9
	hòu	厚	形	thick, profound, deep	9
	hòulái	后来	名	later, then	8
	hòutiān	后天	名	the day after tomorrow	6
	hùxiāng	互相	副	each other	1
	hùzhào	护照	名	passport	9
	huā	花	名	flower	7
	huà	画	名、动	painting, picture, to draw	7
	huà	话	名	word, talk	9
	huài	坏	形	bad, not work	3
	huānyíng	欢迎	动	to welcome, to greet	7
	huánjìng	环境	名	environment	7
	huàn	换	动	to exchange	3
	huī	灰	形	grey	9
	huílái	回来	动	to return, to come back	4
	huì	会	助动、动	can, to be able to	4
	huór	活儿	名	work	8
	huǒchē	火车	名	train	6

J	jīdàn	鸡蛋	名	egg	5
	jí	急	形	fast, anxious	9
	jígé	及格	动	to pass a test	10
	jí le	极了		extremely	8
	jǐ	几	代	how many	4
	jì	既	连	as well as, since	6
	jì	寄	动	to mail, to post, to send	9
	jì	记	动	to remember	12
	jìhuà	计划	动、名	(to) plan	11
	jìjié	季节	名	season	12
	jìxù	继续	动	to continue, to go on	7
	jiā	家	名	home, family	5
	jiā	加	动	to add, to plus	9
	jiātíng	家庭	名	family	8
	jiāwù	家务	名	household chores	8
	jiāxiāng	家乡	名	hometown	12
	jiānchí	坚持	动	to persist	11
	jiàn	件	量	piece (quantifier for clothes, furniture, etc.)	9
	jiànyì	建议	名、动	proposal, to suggest	11
	jiāo	交	动	to make (friends), to hand over	8
	jiǎozi	饺子	名	dumpling	5
	jiào	叫	动	to call, to name	1
	jiāo	教	动	to teach	1
	jiàoshì	教室	名	classroom	1
	jiàoxué	教学	名	teaching	7
	jiē	接	动	to receive, to catch	1
	jié	节	名、量	section, part	4

J	jiějie	姐姐	名	elder sister	8
	jiè	借	动	to borrow, to lend	11
	jièshào	介绍	动	to introduce	1
	jīntiān	今天	名	today	3
	jǐn	紧	形	tight, strict	12
	jǐnzhāng	紧张	形	nervous, anxious	10
	jìnbù	进步	形、动	advanced, to improve	6
	jìnxíng	进行	动	to conduct, to carry through	8
	jīngcháng	经常	形	often	5
	jīngjù	京剧	名	Beijing Opera	8
	jīngshen	精神	名	spirit, vigor	3
	jiù	就	副	simply, only	5
	jǔxíng	举行	动	to hold	11
	jùchǎng	剧场	名	theater	8
	jùlèbù	俱乐部	名	club	10
	juéde	觉得	动	to feel	4
K	kǎ	卡	名	card	9
	kāi	开	动	to turn on, to open	3
	kāishǐ	开始	动	to begin, to start	4
	kàn	看	动	to look, to watch, to read	2
	kànkan	看看		to have a look, to show	2
	kǎoshì	考试	名	examination	10
	kěnéng	可能	助动、动	maybe, possible	4
	kěyǐ	可以	助动	may	3
	kè	课	名	lesson	1
	kèchéng	课程	名	course, curriculum	10

K	kǒu	口	量、名	quantifier of people, mouth	8
	kǒuyǔ	口语	名	spoken language, colloquial language	10
	kù	裤	名	trouser	12
	kuàidì	快递	名	express delivery	9
	kuān	宽	形	broad, loose	12
	kùnnán	困难	形	difficult	7
L	lājī	垃圾	名	rubbish, garbage	7
	lái	来	动	to come	5
	lánqiú	篮球	名	basketball	4
	lǎngdú	朗读	动	to read aloud	11
	lǎo	老	形	old, aged	6
	lǎoshī	老师	名	teacher	1
	le	了	助动	symbol of complete action or change	5
	lèi	累	形	tired, tiring	8
	lěng	冷	形	cold	6
	lǐwù	礼物	名	gift, present	4
	lìhai	厉害	形	competent, severe	8
	lìshǐ	历史	名	history	6
	liànxí	练习	动、名	(to) exercise, (to) practice	5
	liángkuai	凉快	形	cool	12
	liǎng	两	数	two	6
	liáo	聊	动	to chat	1
	liáotiānr	聊天儿	动	to chat, to have small talk	11
	liǎobùqǐ	了不起	形	amazing, terrific	11
	líng	零	名	zero	12

L	língxià	零下		subzero, below zero	12
	lǐng	领	动	to receive, to take	10
	liú	留	动	to leave, to remain	9
	liúxuéshēng	留学生	名	overseas student	1
	liù	六	数	six	10
	lóu	楼	名	building	7
	lù	路	名	way, road, path	3
	lùyīn	录音	动	to record	11
	luàn	乱	形	disordered, in a mess	7
	luòhòu	落后	形	backward, falling behind	8
	lǚxíng	旅行	动	to travel	6
M	māma	妈妈	名	mother, mom	4
	mǎshàng	马上	副	immediately, right away	4
	mǎi	买	动	to buy	2
	mài	卖	动	to sell	2
	màn	慢	形	slow	9
	máng	忙	形、动	busy	1
	máobǐ	毛笔	名	writing brush	7
	máoyī	毛衣	名	sweater	9
	méi	没	副	no, not, never	2
	méi guānxi	没关系		It doesn't matter. Never mind.	1
	méi yǒu	没有	副、动	no, there is not	2
	měi	美	形	beautiful	6
	měi	每	代	every, each	6
	mèimei	妹妹	名	younger sister	8
	mén	门	名	gate, door	3

M	miàntiáo	面条	名	noodle	5
	míngnián	明年	名	next year	10
	míngtiān	明天	名	tomorrow	2
	míngzi	名字	名	name	1
	mō	摸	动	to touch, to feel	12
	mùdì	目的	名	purpose, aim, objective	10
N	ná	拿	动	to take	6
	nǎ	哪	代	where, which	1
	nǎr	哪儿	代	where	2
	nà	那	代、连	that, then	2
	nàr	那儿	代	there	5
	nàge	那个	代	that	2
	nǎinai	奶奶	名	grandmother	8
	nán	难	形	difficult	5
	nánguài	难怪	副、动	no wonder	12
	nèi	内	名	inner, inside, within	12
	nèiróng	内容	名	content	8
	néng	能	助动	to be able to, can	3
	nǐ	你	代	you	1
	nǐmen	你们	代	you(plural)	1
	nín	您	代	you(respectful form)	1
	nuǎnhuo	暖和	形、动	warm, to get warm	9
	nǔlì	努力	形	hard	6
P	pà	怕	动	to fear, to be afraid of	12
	pángbiān	旁边	名	side, next to	2
	péngyou	朋友	名	friend	4
	piányi	便宜	形	cheap	2

P	piào	票	名	ticket	3
	piàoliang	漂亮	形	beautiful	9
	píngshí	平时	名	ordinary time	9
	pǔtōng	普通	形	common, ordinary	9
Q	qī	七	数	seven	4
	qí	骑	动	to ride	3
	qítā	其他	代	other, else	6
	qìchē	汽车	名	automobile	3
	qìhòu	气候	名	climate	12
	qìwēn	气温	名	temperature	12
	qiān	签	动	to sign	9
	qián	前	名	front	3
	qián	钱	名	money	4
	qīngchǔ	清楚	形	clear	11
	qǐng	请	动	to invite, please	3
	qìngzhù	庆祝	动	to celebrate	11
	qiú	球	名	ball	4
	qiūtiān	秋天	名	fall, autumn	12
	qiúchǎng	球场	名	field, court	4
	qù	去	动	to go	3
	quán	全	形	whole, full	12
	quēdiǎn	缺点	名	shortcoming, weakness	7
	qúnzi	裙子	名	skirt	12
R	ránhòu	然后	副	then, after that	10
	ràng	让	动	to let, to allow	5
	rè	热	形、动、名	hot, heat up, heat	3
	rènào	热闹	形	boisterous, busy	7

R	rèqíng	热情	形	zealous, enthusiastic	9
	rén	人	名	people	1
	rènshi	认识	动	to meet, to know	1
	rènwéi	认为	动	to think, to consider	7
	rènzhēn	认真	形	earnest, serious	7
	rì	日	名	sun, day	12
	rìzi	日子	名	day, date	12
	róngyì	容易	形	easy	11
	rúguǒ	如果	连	if	8
S	sān	三	数	three	4
	sǎn	伞	名	umbrella	12
	sǎo	扫	动	to sweep	8
	shàng	上	动、名	to get on, up	7
	shàngbān	上班	动	to go to work	8
	shāngdiàn	商店	名	shop, store	2
	shàngkè	上课	动	to give a class	1
	shàngwǔ	上午	名	forenoon	4
	shāo	烧	动	to cook, to burn	8
	shǎo	少	形、动	few, little, lack	7
	shǎoshù	少数	名	minority, small number	7
	shé	蛇	名	snake	8
	shēnqǐng	申请	动	to apply	10
	shénme	什么	代	what	1
	shēng	声	名、量	sound, voice	6
	shēngcí	生词	名	new words	11
	shēnghuó	生活	名、动	life, live	2
	shēngrì	生日	名	birthday	4

S	shí	十	数	ten	4
	shí'èr	十二	数	twelve	4
	shíhou	时候	名	（duration of）time	4
	shíjiān	时间	名	time	10
	shítáng	食堂	名	dining hall	5
	shì	是	动	to be	1
	shì	事	名	thing	4
	shì	试	动	to try	9
	shìhé	适合	动	to suit, to fit	10
	shōu	收	动	to receive, to accept	7
	shōushi	收拾	动	to put in order	8
	shǒujī	手机	名	mobile phone, cell phone	9
	shǒuxù	手续	名	procedure	9
	shū	书	名	book	7
	shū	输	动	to lose	8
	shūfu	舒服	形	comfortable	3
	shǔ	数	动	to count	5
	shù	数	名	number	5
	shù	树	名	tree	7
	shuǐguǒ	水果	名	fruit	5
	shuǐpíng	水平	名	level, competence	10
	shuìjiào	睡觉	动	to sleep	3
	shuō	说	动	to speak, to say	3
	sì	四	数	four	4
	sōng	松	形	loose	12
	sòng	送	动	to give as a present	2
	sùshè	宿舍	名	dormitory	3
	suǒyǐ	所以	连	so, therefore	8

T	tā	她	代	she, her	1
	tā	他	代	he, him	1
	tāmen	他们	代	they, them	4
	táifēng	台风	名	typhoon	12
	tài	太	副	too	3
	táng	糖	名	sugar, sweet	6
	tǎolùn	讨论	动	to discuss	6
	tǎoyàn	讨厌	形、动	disgusting, to be sick of	12
	tèbié	特别	形	special, particular	6
	tī	踢	动	to kick	8
	tígāo	提高	动	to improve, to increase	10
	tiān	天	名	day, sky	4
	tiānqì	天气	名	weather	6
	tián	填	动	to fill in	9
	tiáo	条	量	piece, bar	4
	tiáojiàn	条件	名	condition	10
	tiàowǔ	跳舞	动	to dance	5
	tīnglì	听力	名	listening comprehension	10
	tíng	停	动	to stop, to halt, to pause	9
	tóngxué	同学	名	classmate	6
	túshūguǎn	图书馆	名	library	7
W	wài	外	名	outer, outside	12
	wàiguó	外国	名	foreign country	9
	wán	完	动	to finish, to complete	4

W	wánchéng	完成	动	to finish, to complete	11
	wánr	玩儿	动	to play, to enjoy	3
	wǎn	晚	形	late	5
	wǎnhuì	晚会	名	party, evening party	11
	wǎnshang	晚上	名	evening, night	3
	wǎng	往	介	towards, in the direction	7
	wàng	忘	动	to forget	5
	wèi shénme	为什么		why	3
	wèidào	味道	名	taste	5
	wèishēng	卫生	形、名	clean, cleaning work	8
	wēndù	温度	名	temperature	12
	wēnnuǎn	温暖	形	warm	12
	wèn	问	动	to ask	3
	wèntí	问题	名	question, problem	3
	wǒ	我	代	I, me	1
	wǒmen	我们	代	we	1
	wǔ	五	数	five	4
X	xīwàng	希望	动、名	(to) hope, (to) wish	3
	xíguàn	习惯	名、动	habit, to get used to	1
	xǐ	洗	动	to wash	8
	xǐhuan	喜欢	动	to like	3
	xià	下	动、量、名	to get off, below, under	3
	xiàkè	下课	动	class is over	4
	xiàtiān	夏天	名	summer	12
	xiàwǔ	下午	名	afternoon	3
	xiān	先	副	first	5
	xiànzài	现在	名	now, at present	3

X	xiāng	香	形	fragrant, scented	7
	xiǎng	想	动	to want	2
	xiǎngniàn	想念	动	to miss	12
	xiàng	向	介、动	towards, to turn towards	3
	xiàng	像	动、名	to resemble, likeness	7
	xiāoxi	消息	名	news, information	10
	xiǎo	小	形、头	small	5
	xiǎoshí	小时	名	hour	4
	xiē	些	量	some, a little, a few	6
	xié	鞋	名	shoe	2
	xiě	写	动	to write	7
	xièxie	谢谢	动	to thank	2
	xīnkǔ	辛苦	形	hard	8
	xìng	姓	动、名	surname	1
	xiōngdì	兄弟	名	brother	8
	xiūlǐ	修理	动	to repair, to fix	3
	xiūxi	休息	动	to have a rest	3
	xūyào	需要	动、名	to need, to require, need	9
	xuǎnzé	选择	动、名	to choose, to select, choice	10
	xuéxí	学习	动	to study, to learn	1
	xuéxiào	学校	名	school	2
	xuě	雪	名	snow	12
Y	yánsè	颜色	名	color	9
	yáng	羊	名	sheep	12
	yángguāng	阳光	名	sunlight	12
	yángmáo	羊毛	名	wool	12
	yāoqǐng	邀请	动	to invite	11

Y	yàobù	要不	连	or, otherwise	11
	yàoshì	要是	连	if, suppose	8
	yě	也	副	also, too	1
	yè	夜	名	night	5
	yèwù	业务	名	business	9
	yèyú	业余	形	amateur	7
	yī	一	数	one	2
	yīfu	衣服	名	clothes	2
	yīdìng	一定	副、形	must, certain	5
	yīgòng	一共	副	altogether, in all	6
	yīhuìr	一会儿	名	a little while	8
	yīyàng	一样	形	same, alike	3
	yībān	一般	形	common, general, ordinary	12
	yībiān	一边	副	while	5
	yīdiǎnr	一点儿		a little bit	10
	yījǔ-liǎngdé	一举两得		to kill two birds with one stone	11
	yīqǐ	一起	副	together	2
	yīxiē	一些		some, a little, a number of	2
	yīzhí	一直	副	straight	2
	yǐjīng	已经	副	already	3
	yǐqián	以前	名	before	5
	yìsi	意思	名	meaning	4
	yīnwèi	因为	连	because	3
	yínháng	银行	名	bank	7
	yìnxiàng	印象	名	impression	7
	yīnggāi	应该	助动	should, must	6

Y	yīngyǔ	英语	名	English	4
	yíng	赢	动	to win	8
	yòng	用	动	to use	5
	yóujú	邮局	名	post office	7
	yǒu	有	动	there be，to have	2
	yǒu shíhou	有时候		sometimes	7
	yǒu yìsi	有意思		interesting	7
	yǒudiǎnr	有点儿	副	a little bit	1
	yǒumíng	有名	形	famous，well-known	6
	yòu	又	副	again	3
	yòu	右	名	right	7
	yúkuài	愉快	形	happy，pleasant	5
	yǔ	雨	名	rain	12
	yǔyán	语言	名	language	7
	yùbào	预报	动	to predict，to forecast	12
	yùxí	预习	动	to preview	11
	yuán	元	量	monetary unit of China	4
	yuǎn	远	形	far	3
	yuē	约	动	to make up（an appointment）	12
	yuè	月	名	month	2
	yuèdú	阅读	动	to read	10
	yuèláiyuè	越来越		more and more，increasingly	7
	yùndòng	运动	名	sport	2
	yùndòngxié	运动鞋	名	sneaker	2
Z	zài	在	介、动	in，at	2
	zài	再	副	again	1
	zàijiàn	再见	动	good bye	1

Z	zǎo	早	形	early	1
	zǎochén	早晨	名	morning	12
	zǎofàn	早饭	名	breakfast	5
	zǎoshang	早上	名	morning	1
	zěnme	怎么	代	how	3
	zěnmeyàng	怎么样	代	how	1
	zhāng	张	量	piece	9
	zhǎo	找	动	to look for	2
	zhàopiàn	照片	名	photograph	10
	zhège	这个	代	this	2
	zhèlǐ	这里	代	here	7
	zhème	这么	代	so, such	3
	zhèyàng	这样	代	like this	3
	zhēn	真	副	truly, really, indeed	2
	zhèng	正	副	just	1
	zhèngmíng	证明	动、名	to prove, to testify, certification	10
	zhīdào	知道	动	to know	4
	zhījiān	之间		between	9
	zhǐ	只	副	only	4
	zhǐ	纸	名	paper	10
	zhǐyào	只要	连	so long as	6
	zhǐyǒu	只有	连、副	only if, only	10
	zhōng	钟	名	bell, clock	6
	zhōng	中	名、形	center, middle, intermediate	10
	zhōngwén	中文	名	Chinese	1
	zhòngliàng	重量	名	weight	9
	zhōu	周	名	week	8

Z	zhōumò	周末	名	weekend	7
	zhǔyào	主要	形	main, major	7
	zhǔyi	主意	名	idea	11
	zhù	住	动	to live	7
	zhùyì	注意	动	to notice, to pay attention to	4
	zhǔnbèi	准备	动、名	to prepare, (to) plan	4
	zì	字	名	Chinese character	11
	zìjǐ	自己	代	oneself	6
	zìrán	自然	名、形	nature, natural	6
	zìxíngchē	自行车	名	bike	3
	zǒngshì	总是	副	always	7
	zǒu	走	动	to walk	2
	zuì	最	副	most	4
	zuìhǎo	最好	副	had better	11
	zuìjìn	最近	名	recently	1
	zuǒ	左	名	left	7
	zuò	坐	动	to sit	3
	zuò	做	动	to do, to make	6
	zuòwèi	座位	名	seat	5
	zuòyè	作业	名	homework	11
	zúqiú	足球	名	football	8

（二）拓展部分生词

A	Ālābó	阿拉伯	专名	Arab	10
	Āijí	埃及	专名	Egypt	10

A	Ài'ěrlán	爱尔兰	专名	Ireland	8
	àihào	爱好	动、名	hobby, interest	7
	Àodàlìyà	澳大利亚	专名	Australia	12
B	bāo	包	动	to wrap	5
	bǎohù	保护	动	to protect	4
	bào	抱	动	to embrace, to hold tightly	11
	běi	北	名	north	2
	běifāng	北方	名	north	9
	běimiàn	北面	名	northern side	1
	bèi	被	介	by (indicating passive voice)	8
	bèi	背	名	back	12
	bówùguǎn	博物馆	名	museum	12
	bùfen	部分	名	part, section	4
C	céngjīng	曾经	副	once	12
	chǎnliàng	产量	名	output, harvest	11
	chǎnshēng	产生	动	to produce	3
	chángnián	常年	名	the whole year	12
	chéng	城	名	city	12
	chéngshì	城市	名	city	12
	chéngwéi	成为	动	to become	2
	chéngyuán	成员	名	member	6
	chū	初	形、头	early, elementary	8
	chǔyú	处于	动	to be (in a certain condition)	3
	chuántǒng	传统	名	tradition	2
	chūn	春	名	spring	1

D	dàlù	大陆	名	continent	7
	Dàxīyáng	大西洋	专名	the Atlantic Ocean	3
	Déguó	德国	专名	Germany	7
	děng	等	助	etc.	3
	dī	低	形、动	low, to lower	1
	dì-èr	第二		the second	4
	dìqū	地区	名	district, area	4
	dìwèi	地位	名	position, status	3
	diànyǐng	电影	名	film, movie	3
	dōng	冬	名	winter	1
	dōngběi	东北	名	northeast	1
	dōngbù	东部	名	eastern part	2
	dūshì	都市	名	city, urban	12
F	fādá	发达	形	developed, advanced	2
	fāzhǎn	发展	动、名	to develop, development	1
	fànzuì	犯罪		crime, to commit crime	11
	fànzuì lǜ	犯罪率		crime rate	11
	fēicháng	非常	副	very, very much	5
	Fēizhōu	非洲	专名	Africa	10
	fēn	分	动	to divide	9
	fēngfù	丰富	形	rich, abundant	4
	fēngyè	枫叶	名	maple leaf	4
	Fójiào	佛教	名	Buddhism	6
	fùyù	富裕	形	prosperous, rich, well-off	2

G	gānzào	干燥	形	dry	1
	gāo	高	形	tall, high	4
	gèrén	个人	名	individual	3
	gōngyè	工业	名	industry	3
	gǔdài	古代	名	ancient time	10
	guójiā	国家	名	country, nation, state	2
H	hǎi	海	名	sea	1
	hǎiwài	海外	名	oversea, abroad	3
	hánlěng	寒冷	形	cold, frigid	1
	hángyùn	航运	名	shipping	11
	Hǎowàngjiǎo	好望角	专名	the Cape of Good Hope	11
	hē	喝	动	to drink	7
	huà	化	尾	–ize	12
	huānyíng	欢迎	动	to welcome	1
	huán	环	动	to surround, to encircle	12
	huáng	黄	形	yellow	11
	huángjīn	黄金	名	gold	11
	huódòng	活动	名	activity	2
	huòdé	获得	动	to obtain, to get	7
J	jìjié	季节	名	season	2
	jìshù	技术	名	technique, technology	11
	jiànzhù	建筑	名	architecture	7
	jiǎng	奖	名、动	award, to get	7
	jiào	较	副	comparatively	2
	jiérì	节日	名	festival	2
	jīn	金	名	gold	11
	jìnrù	进入	动	to enter	9

J	jìnxíng	进行	动	to conduct	2
	jīngguò	经过	动、介	to pass, to go by, with	3
	jīngjì	经济	名	economy	1
	jǐngsè	景色	名	scenery, landscape	4
	jǔshì-wénmíng	举世闻名		world-famous	10
K	kējì	科技	名	science and technology	10
	kuà	跨	动	to extend, to go beyond	10
	kuàng	矿	名	mine, ore	12
	kuàngchē	矿车	名	mine car, tramcar	12
L	lánqiú	篮球	名	basketball	3
	lìshǐ	历史	名	history	1
	Liánhéguó	联合国	名	the United Nations	9
	liáng	凉	形	cool	5
	lín	临	动	to face	1
	lǐngtǔ	领土	名	territory	3
	lǐngxiān	领先	动	to take the lead	10
	lǐngyù	领域	名	field, domain	10
	lìngwài	另外	形	additional, other	3
	liúxíng	流行	形	popular	2
	lǚyóu	旅游	动	to travel, to tour	4
	lǚyóuyè	旅游业	名	tourist industry	4
	lǜ	率	尾	rate, ratio (used at the end of an event)	
M	měilì	美丽	形	beautiful	6
	měishù	美术	名	painting, art	7
	miàn	面	量	side	11
	miànjī	面积	名	area	4
	mínzhǔ	民主	名、形	democracy, democratic	3

M	mínzú	民族	名	nationality	3
	mùqián	目前	名	at present	3
N	nán	男	名	male	5
	nánbù	南部	名	southern part	1
	nánfāng	南方	名	south, southern part	4
	Nánfēi	南非	专名	South Africa	11
	Nányà	南亚	专名	South Asia	5
	Níluóhé	尼罗河	专名	the Nile	10
	niándài	年代	名	era, age	6
	nǔlì	努力	形	hard	3
	nǚ	女	名	female	5
O	Ōuzhōu	欧洲	专名	Europe	7
Q	qí	其	代	it	3
	qìhòu	气候	名	climate	6
	qiángdà	强大	形	strong, powerful	8
	qīng	轻	形、动	light, to belittle	5
	qìngzhù	庆祝	动	to celebrate	2
	qiū	秋	名	autumn, fall	1
	quánchēng	全称	名	full name	3
R	rèdài	热带	名	tropical area	5
	rénkǒu	人口	名	population	3
	rénmín	人民	名	people	6
	ròu	肉	名	meat	7
S	sài	赛	动	to race, to compete	7
	sàichē	赛车	名	cycle/auto race	7
	shāmò	沙漠	名	desert	10
	shān	山	名	mountain, hill	1
	shèhuì	社会	名	society	7

S	shèshī	设施	名	facility	11
	shēngchǎn	生产	名、动	production, to produce	7
	shēngmìng	生命	名	life	10
	shī	湿	形	wet, moist	8
	shíwù	食物	名	food, diet	5
	shíxiàn	实现	动	to realize, to achieve	3
	shíxíng	实行	动	to carry out, to put into practice	8
	shì	市	名	city, municipality	12
	shìjì	世纪	名	century	6
	shìjiè	世界	名	world	1
	shǒudū	首都	名	capital	7
	shǒuxiān	首先	副	first	8
	shòu	受	动	to receive, to suffer	4
	shù	树	名	tree	4
	shuǐpíng	水平	专名	level, standard	6
	Sūgélán	苏格兰	专名	Scotland	8
	Sūyīshì	苏伊士	专名	Suez	10
T	Tàiguó	泰国	名	Thailand	6
	Tàipíngyáng	太平洋	专名	the Pacific Ocean	3
	tígāo	提高	动	to improve, to increase	6
	tǐyù	体育	名	sports	8
W	wánchéng	完成	动	to finish, to complete, to fulfill	8
	wánshàn	完善	形	complete	11
	wánzhěng	完整	形	complete, full	7
	Wēi'ěrshì	威尔士	专名	Wales	8
	wēixiào	微笑	动	to smile	6

W	wéiyī	唯一	形	unique	3
	wèiyú	位于	动	to locate	3
	wèizhì	位置	名	position	10
	wēndù	温度	名	temperature	6
	wēnhé	温和	形	mild	8
	wénhuà	文化	名	culture	1
	wénmíng	文明	名、形	civilization, civilized	10
	wénxué	文学	名	literature	7
	wěndìng	稳定	形	stable, steady	11
	wǔshù	武术	名	martial art	9
X	xī	西	名	west	3
	xīfāng	西方	名	the west	11
	xià	夏	名	summer	1
	xiàn	线	名	line, wire, thread	9
	xiāngdāng	相当	形、副	fairly, quite	7
	xiāngduì	相对	形	relative	11
	xiāngfǎn	相反	形	opposite	12
	xiàngmù	项目	名	event, item, project	9
	xíngshì	形式	名	form, shape	9
	xùnsù	迅速	形	rapid, swift	1
Y	Yàzhōu	亚洲	专名	Asia	5
	yánzhòng	严重	形	serious	5
	yímín	移民	名	migrant	12
	yǐ	以	介	with, by	3
	yǐhòu	以后	名	after, later on	2
	yǐlái	以来	名	since	9
	yǐshàng	以上	名	above, more than	6
	yìshù	艺术	名	art	7

Y	yìyì	意义	名	meaning, significance	10
	yīnyuè	音乐	名	music	1
	Yìndù	印度	专名	India	5
	Yīnggélán	英格兰	专名	England	8
	Yīngguó	英国	专名	the United Kingdom	8
	yǐngxiǎng	影响	动、名	(to) influence	3
	yōujiǔ	悠久	形	with a long history	1
	yōuměi	优美	形	beautiful, graceful	2
	yóu	由	介	by, from	8
	yǔ	与	介、连	with	4
	yǔ	雨	名	rain	5
	yǔjì	雨季	名	rainy season	5
	Yuènán	越南	专名	Vietnam	9
	yùndòng	运动	名	sports	1
Z	zhàn	占	动	to occupy, to take up	6
	zhěng	整	动、形	to put in order, whole, complete	12
	zhèng	正	形	exact, just	5
	zhèngzhì	政治	名	politics	7
	zhīyī	之一		one of	2
	zhíwù	植物	名	plant, flora, botany	12
	zhìdù	制度	名	system	5
	zhìliàng	质量	名	quality	4
	zhōng	中	名、形	center, middle	6
	zhòng	重	形、动	heavy, to attach importance to	5
	zhòngyào	重要	形	important	3
	zhū	猪	名	pig	7
	zhūròu	猪肉	名	pork	7

Z	zhújiàn	逐渐	副	gradually, step by step	6
	zhǔbàn	主办	动	to host, to sponsor	12
	zìjǐ	自己	代	oneself	3
	zìrán	自然	名	nature	2
	zìyóu	自由	名、形	freedom, free	3
	zúqiú	足球	名	football	7
	zǔ	组	动、名	to form, to set, group	8
	zǔzhī	组织	动、名	to organize, organization	9